远去的背影 文化的神韵

中国古代

军队

中国传统民俗文化
——政治经济制度系列

石雨祺 ○ 编著

中国商业出版社

图书在版编目（CIP）数据

中国古代军队／石雨祺编著． -- 北京：中国商业
出版社，2014.12
ISBN 978 - 7 - 5044 - 8567 - 0

Ⅰ．①中… Ⅱ．①石… Ⅲ．①军队建设 - 军事史 - 中
国 - 古代 Ⅳ．①E291

中国版本图书馆 CIP 数据核字（2014）第 299281 号

责任编辑：刘洪涛

中国商业出版社出版发行
010 - 63180647　　www. c - cbook. com
（100053 北京广安门内报国寺 1 号）
新华书店总店北京发行所经销
北京飞达印刷有限责任公司
＊
710×1000 毫米　16 开　12.5 印张　200 千字
2015 年 1 月第 1 版　2015 年 1 月第 1 次印刷
定价：25.00 元
＊　＊　＊　＊
（如有印装质量问题可更换）

序　言

　　中国是举世闻名的文明古国,在漫长的历史发展过程中,勤劳智慧的中国人,创造了丰富多彩、绚丽多姿的文化,可以说人创造了文化,文化创造了人,这些经过锤炼和沉淀的古代传统文化,凝聚着华夏各族人民的性格、精神、智慧,是中华民族相互认同的标志和纽带。在人类文化的百花园中摇曳生姿,展现着自己独特的风采,对人类文化的多样性发展做出了巨大贡献。中国传统民俗文化内容广博,风格独特,深深地吸引着世界人民的眼光。

　　正因如此,我们必须深入学习贯彻十八届三中全会精神,按照中央的规定,加强文化建设。2006 年 5 月,时任浙江省委书记的习近平同志就已提出:"文化通过传承为社会进步发挥基础作用,文化会促进或制约经济乃至整个社会的发展。"又说:"文化的力量最终可以转化为物质的力量,文化的软实力最终可以转化为经济的硬实力"(《浙江文化研究工程成果文库总序》)。今年他去山东考察时,又再次强调:中华民族伟大复兴,需要以中华文化发展繁荣为条件。

　　学习习近平同志的重要讲话,确可体会到,在政治、经济、军事、社会和自然要素之中,文化是协调各个要素协同发展、相关耦合的关健。正因为此,我们应该对华夏民族文化进行广阔、全面的检视。我们应该唤醒我们民族的集体记忆,复兴我们民族的伟大精神,发展和繁荣中华民族的优秀文化,为我们民族在强国之路上阔步前行创设先决条件。

实现民族文化的复兴,更必须传承中华文化的优秀传统。现代中国人,特别是年轻人,对传统文化十分感兴趣,蕴含感情。但当下也有人对具体典籍、历史事实不甚了解,比如说,中国是书法大国,谈起书法,有些人或许只知道些书法大家如王羲之、柳公权等等的名字,知道《兰亭集序》是千古书法珍品,仅此而已。再比如说,我们都知道中国是闻名于世的瓷器大国,中国的瓷器令西方人叹为观止,中国也因此而获得了"瓷器之国"(英语 china 的另一义即为瓷器)的美誉。然而关于瓷器的由来、形制的演变、纹饰的演化、烧制等等瓷器文化的内涵,就知之甚少了。中国还是武术大国,然而国人的武术知识,或许更多地来源于一部部精彩的武侠影视作品,对于真正的武术文化,我们也难以窥其堂奥了。我们还是崇尚玉文化的国度,我们的祖先,发现了这种"温润而有光泽的美石",并赋予了这种冰冷的自然物以鲜活的生命力和文化性格,例如"君子当温润如玉"、女子应"冰清玉洁"、"守身如玉";"玉有五德",即"仁"、"义"、"智"、"勇"、"洁",等等。今天,熟悉这些玉文化的内涵的国人,也为数不多了。

也许正有鉴于此,有忧于此,近年来,已有不少有志之士,开始了复兴中国传统文化的努力,读经热开始风靡海峡两岸,不少孩童乃至成人,开始重拾经典,在故纸旧书中品味古人的智慧,发现古文化历久弥新的魅力。电视讲坛里一波又一波对古文化的讲述,也吸引着数以万计的人们,重新审视古文化的价值。现在放在读者眼前的这套"中国传统民俗文化丛书",也是这一努力的又一体现。我们现在确应注重研究成果的学术价值和应用价值,充分发挥其认识世界、传承文化、创新理论、咨政育人的重要作用。

中国的传统文化内容博大,体系庞杂,该如何下手,如何呈现?这套丛书处理得可谓系统性强,别具心思。编者分别按物质文化、制度文化、精神文化等方面来分门别类地进行组织编写,例如在物质文化的层面,就有中国古代纺织、中国古代酒具、中国古代农具、中国古代青铜器、中国古代钱币、中国古代石刻、中国古代木雕、中国古代建筑、中国古代砖瓦、中国古代玉器、中国古代陶器、中国古代漆器、中国古代桥梁等等。

在精神文化的层面,就有中国古代书法、中国古代绘画、中国古代音乐、中国古代艺术、中国古代篆刻、中国古代家训、中国古代戏曲、中国古代版画等等;在制度文化的层面,就有中国古代科举、中国古代官制、中国古代教育、中国古代军队、中国古代法律等等。

此外,在历史的发展长河中,中国各行各业还涌现出一大批杰出的人物,至今闪耀着夺目的光辉,启迪后人,示范来者,对此,这套丛书也给予了应有的重视,中国古代名将、中国古代名相、中国古代名帝、中国古代文人、中国古代高僧等等,就是这方面的体现。

生活在 21 世纪的我们,或许对古人的生活颇感好奇,他们的吃穿住用如何?他们如何过节?如何安排婚丧嫁娶?如何交通?孩子如何玩耍?等等。这些饶有兴趣的内容,这套中国传统民俗文化丛书,都有所涉猎,例如中国古代婚姻、中国古代丧葬、中国古代节日、中国古代风俗、中国古代礼仪、中国古代饮食、中国古代交通、中国古代家具、中国古代玩具、中国古代鞋帽等等,这些书籍介绍的,都是人们深感兴趣,平时却无从知晓的内容。

在经济生活的层面,这套丛书安排了中国古代农业、中国古代纺织、中国古代经济、中国古代贸易、中国古代水利、中国古代车马、中国古代赋税等等内容,足以勾勒出古人经济生活的主要内容,让今人得以窥见自己祖先曾经的经济生活情状。

在物质遗存方面,这套丛书则选择了中国古镇、中国古楼、中国古寺、中国古陵墓、中国古塔、中国古战场、中国古村落、中国古街、中国古代宫殿、中国古代城墙、中国古关等内容。相信读罢这些书,喜欢中国古代物质遗存的读者,已经能大致掌握这一领域的大多数知识了。

除了上述内容外,其实还有很多难以归类却饶有兴趣的内容,例如中国古代的乞丐这样的社会史内容,也许有助于我们深入了解这些古代社会底层民众的真实生活情状,走出武侠小说家们加诸他们身上的虚幻不实的丐帮色彩,还原他们的本来面目,加深我们对历史真实的了解。继承和发扬中华民族几千年创造的的优秀文化和民族精神是我们责无旁贷的历史责任。

不难看出，单就内容所涵盖的范围广度来说，有物质遗产，有非物质遗产，还有国粹。这套丛书无疑当得起"中国传统文化的百科全书"的美誉了。这套书还邀约了大批相关的专家、教授参与并指导了稿件的编写工作。应当指出的是，这套书在写作中，既钩稽、爬梳大量古代文化文献典籍，又参照近人与今人的研究成果，将宏观把握与微观考察相结合。在论述、阐释中，既注意重点突出，又着重于论证层次清晰，从多角度、多层面对文化现象与发展加以考察。这套丛书的出版，有助于我们走进古人的世界，了解他们的美好生活，去回望我们来时的路。学史使人明智。历史的回眸，有助于我们汲取古人的智慧，借历史的明灯，照亮未来的路，为我们中华民族的伟大崛起添砖加瓦。

　　是为序。

傅璇琮

2014 年 2 月 8 日

前　言

　　军队生活是社会生活的一个有机组成部分，但又是社会生活的一个特殊产物。军队不是和人类社会同时产生的，它是在社会发展到一定阶段以后才产生的。由于军队是国家存在的支柱之一，人们对军队多怀着敬畏心态，对军队生活充满了神秘之感，后来军队集团与其他社会集团之间的距离也愈来愈大。

　　在上古时代，人皆为兵，个个习武，军队之事是"全民"之事。所谓"全民"，当然是指全体自由民，奴隶是不算正式的社会成员的。在封建社会前期，虽然仍是义务兵役制占主体，但毕竟是少数人被征发为军，人民与军队已经隔了一层。到封建社会后期，以召募为主的职业兵普遍发展起来以后，军队与普通社会群体的差别就更为悬殊，人们对军队社会生活的认识也就不同一般了，对军人也另眼相待了。宋代对军人有"尺俸"之谓，即隶于尺籍之人。所谓"尺籍"，按汉代之制，凡有人立功杀敌，即将其功绩记于一尺长的竹版上，后来演变为军籍，以区别于民户版籍，表明军民之间的这种隔阂、差别越来越深了。

　　其实，军队生活既为社会生活之一，也同样具有一个时代的社会特征，反映出这个时代对社会物质和精神的要求。与其他社会生活所不同的是，它始终笼罩在刀光剑影、鼓角争鸣之中，充满了火药味。就古代军队生活的具体内容而言，则是包罗万象、十分广泛的。从军人手中所使用的武器、身上的甲胄，到军队的组织、类别、成分、训练、后勤、作战形式等等，都关乎军队生活的荦荦大端。而统治者如何御将驭兵，军将士卒的身份、地位及其心态的变化，也都反映出古代军队与社会政治之间密不可分的关系。除了上述内容以外，本书亦涉及军队生活的其他方面，即指正规的军事化生活之外的内容，比如军人之间或军民之间的经济活动，婚姻、家庭等个人的私生活，更可展示军队社会之百态，诸如此类，当是题中应有之义。

研究、揭示古代军队生活，是非常有意思也是很有意义的工作。社会生活随着时间长河的流逝而不断变迁，时代的发展又使得文化传统绵延不绝，历史巨澜的冲刷，使不同时代的军队生活方式迥然不同，常令人深感惊讶。同时，文化传统的积淀，又造成不同时代军队生活中彼此相通的内容，给人以似曾相识之感。这些都给后人观察历史、观察社会带来一定的启迪。这也是我们编写此书的目的所在。

由于时间的仓促和编者水平的所限，本书中难免有一些疏漏之处，对于历史的见解也难免有个人之见，欢迎广大读者在发现不足之处时，能够批评指正，和编者共同商榷。

目录

第一章　军队的组织

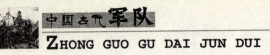

第四章　军队的行军与征战

第五章　中国古代的军制

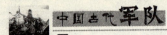

军队的组织

所谓无规矩不成方圆，在讲究服从命令的军队中，各种组织规定是军人入伍前必须要了解的。在今人眼中，现代的军队生活是枯燥乏味的，何况古代；而军队在中国古代，不过是皇帝或军阀的统治工具。但实际情况并非如此。

第一节
军队的基本组成

 "队伍" 的来历与三军的变迁

军队，现在俗称为"队伍"。"队伍"一词很早就产生了，与此同义的还有"军伍"、"行伍"、"卒伍"等，它们皆来源于古代军队的基层建制。

我国古代军队的编制系列大抵分两个阶段，以西周为界，西周以前殷商时代的军队编制，虽然不能详知，但从甲骨文中可以得其大概。据《殷墟粹编》第597片载："王作三师，右、中、左。"商代军队一般分为右军、中军和左军三个部分，而其最基层的建制是以10人为单位的，这就是后世所谓"什伍"之"什"。兵车大抵是每辆战车配有3人，居中为驭手，左右两边的是战斗员。故《尉缭子·制谈》说："古者士有什伍，车有偏列。"

西周以后，军队编制虽然历代各有损益，但基本上属于"五五制式"，即以"五人为伍"，作为军队的基本建制。西周时期的军队以战车为中心，一辆战车称为一乘，是一个战术单位，配有兵士25人，其中包括甲士10人（3人在车上，7人在车下），徒卒15人，此外，另有负责养马服役者5人（不在兵士之列），总共30人。西周军队的建制已经比较完备，《周礼·夏官·序官》载："凡制军，万二千五百人为军，王六军，大国三军，次国二军，小国一军，军将皆命卿。二千又五百人为师，师帅皆中大夫。五百人为旅，旅帅皆下大夫。百人为卒，卒长皆上士。二十五人为两，两司马皆中士。五人为伍，伍皆有长。"西周军队的实际编制并不一定如《周礼》所述这么整齐划一，但军、师、旅、卒、两、伍的建制当时是初步形成了的。在这个编制系列中，伍即 5 人，为最基层的建制单位。军必有伍，军是由若干个"伍"组成，所谓"卒伍"、"队伍"、"军伍"、"行伍"之称，即源于此。

有人认为，《周礼》所记载的军队编制，实系春秋时期的状况。此后，战国、秦汉的军队基层建制仍以伍为单位。所以，《韩非子·显学》曰："宰相必起于州部，猛将必发于卒伍。"汉代实行五人为伍，二伍为火（即"什"），五火为队，二队为官（或作"屯"），二官为曲，二曲为部，二部为校，二校为裨，二裨为军，这样的建制，计一军为 3200 人，各级都有统领。《后汉书·百官志》云："将军领军，皆有部曲，大将军营（统帅之意）五部，部校尉一人（有时部不设校尉，仅以军司马领之），部下有曲，曲有军侯一人。"据有关考古资料、史籍记载，部还分左、右部或前、后部，曲也分左、右曲或前、后曲。曲下之官（屯）则有长，队有率，火（什）、伍也分别设长统领。

隋唐以后的军队编制突破了"五人为伍"的格局，唐代军队的最基层建制是"火"，也就是 10 人编制；宋代军队则为队，每队 50 人，由于队是火的整倍数，积火便成了队。所以，唐宋军队的队列形式是基本相同的，都是以

中国古代军队阵型

50 人的队为单元，队有队头，副队头各 1 人，执旗 1 人，傔旗 2 人，合 5 人。又有火长 5 人，如此，每队仅有士兵 40 人，分为 5 火，每火仅有士兵 8 人。到明代，卫所制度编制军队的方法是：卫由卫指挥使率领，分前、后、左、右、中 5 个千户所；千户所由千户率领，每千户 1120 人，辖 10 个百户所；百户所由百户带领，每百户 112 人，辖两总旗，各 50 人；总旗下辖 10 小旗，每小旗 10 人。这时的小旗也相当于唐宋的火，而总旗则相当于队。

　　清代军队因其性质、种类的不同，基层编制单位变化较大。例如，八旗制度在创立之初为牛录制，"初定出兵校猎，不论人力之多寡，各随族党屯寨而行，每人各取一矢，十人设一长领之，其长称为牛录额真"。后努尔哈赤将牛录扩编为 300 人，5 个牛录则为 1 个甲喇，5 甲喇为 1 固山（即旗），共有黄、白、红、蓝、镶黄、镶白、镶红、镶蓝八旗。绿营兵的编制则更为复杂，营虽是基本建制，但又分级统领，总兵以上均为标，如将军的军标、总督的督标、巡抚的抚标、提督的提标、河道总督的河标、漕运总督的漕标等，是绿营的主力，各种标的营数不等。但各省内重要州府设镇，由总兵镇守，总兵直属部队称镇标，次要州府设协，由副将驻守；重要县城设专守营，一般由参将或游击、都司、守备等官防守；重要村镇设汛，一般由千总、把总备御，但汛兵不立营制。在营以下，又一般分为前后左右四队，每队分 9 棚，每棚连正目、副目、正兵、副兵共 14 个战斗人员。后来湘、淮军的基本编制也是在绿营的基础上改造而成，营下有棚、哨等单元。尽管经过几千年的演变，古代军队的基本单位已经完全不同，但"队伍"之说仍然反映了中国军队建制的基本特色。

　　"三军"之称，由来已久。《论语·子罕》载孔子语："三军可夺帅也，匹夫不可夺志也。"还有，春秋时著名的《孙子兵法》中也指出："故三军可夺气，将军可夺心。"《军争篇》这里的"三军"当是泛指一般军队。除此以外，"三军"更多的是指古代军队的编制和作战序列。这里的"三军"是指军队编制的数量。《左传》也赞成这种观点，认为大国只能拥有周天子一半的军队，周天子为六军，那么最大的诸侯国就只能拥有三军。

　　"三军"的另一种含义是指古代军队作战中的序列，战斗部队按顺序编为三军。例如，公元前 632 年，晋楚两国为争夺霸权而展开城濮之战，晋文公的兵力为战车 700 乘，编为中军、上军、下军三军，以中军最强。而楚军在这场战争中，则以申、息两地部队为主组成左军，以陈、蔡两国军队为主组成右军，而楚军的主力则自为中军，这三军也是部队的作战序列。春秋时，军以下的编制并不固定，还不是严格的建制单位。春秋中期，各诸侯国的中央直辖常备军，多数编为左、中、右或上、中、下三军。这一作战序列主要为适应先秦的车战，在很早就出现了。殷墟甲骨文中一条重要卜辞的内容是："王作三师，右、中、左。"这三师也应当是作战的序列。与后世相比所不同的是，商朝的军队建制是"师"，称"三师"，而西周以后为"军"，称"三军"。

战国时期秦国的"三军"似乎另有所指。《商君书·兵守》中说："三军，壮男为一军，壮女为一军，男女之老弱者为一军，此之谓三军也。"壮男出征作战，壮女负责防守，老弱则负责后勤供应。这三军应该是秦国经过变法后，将全国百姓都按军事化编制起来，实行所谓"农战政策"的结果，并不能视作完整意义上的军队，但由此也可推测，秦军也是有三军编制的。所以，从先秦军队的编制序列来看，诸侯国的"三军"之制是一个通例，而当时的军队极少编为二、四、五、六军的。在三军中，一般又以中军帅为主将，晋国称元帅，其余也各设将佐以利指挥。此后，历代都有军的编制和作战序列，但并不一定就是按"三军"来排列，这主要视国家的经济实力、人口多少和战争的需要而定。但"三军"作为一种军队的泛称，或古代军队的编制、序列，却长期流传下来。

直到清末，清政府为了挽救其垂危的统治，仿效西方国家，对军队进行改革，建立了新军。新军除了陆军以外，更有新式海军。"军"的概念中赋予了军种的内涵。到民国时期，国民党政府军分为陆、海、空三个军种，近代"三军"的含义就主要指军种，"三军"也就是陆、海、空三个主要军种的统称，或是代指全军的惯用称呼。

军队礼仪： 仪仗与军礼

军队是国家统治力量的重要标志。为了充分显示军力，我国历代皇朝都非常重视军队的军容仪表。军容包括的内容很多，如皇帝及要官出外巡视，为耀武扬威，都要以军队作为仪仗；凡重要国家事务，统治者皆以军队壮威

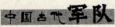

以利于推行，又置有军礼；因作战之需，为明号令、布阵法、识敌我、壮军
容，又置有各式军旗；为保护自己、战胜敌人，并严整军容，整齐划一，又
置有适合于战斗的统一军服；随着军队的发展，为振军威、树军风，又置军
歌、军乐于军旅之中；训练军队，检验军队战斗力，又常常举行定期和不定
期的检阅，等等。本篇将着重介绍上述几个方面的情况。

在我国古代，各朝统治者都以军队作仪仗，这既是礼节，又是护卫，以
显示其至尊至贵。我国古代的仪仗队起源于古代帝王及贵族的扈从守卫队伍。
《周礼》云，"虎贲氏掌先后王而趋以率伍。"这是说，虎贲氏掌管王者出行
时率领士兵列队在王者前后行进，加以护卫。周代初年的《尚书·顾命》中
记载有用虎贲来充当国王及诸侯仪卫的事例。所谓"虎贲"，就是指守卫在周
王身边的卫士。在举行礼仪时，他们便充当了仪仗队的队员。

开始，仪仗队的规模还不大。据《顾命》记载，当时迎接太子剑而陈列
的仪式，总共才十个人，由二人执矛站立在大门里边，四人执戟，相向站立
在门庭两旁的台阶上；东堂和西堂之前，各有一人持大斧站立；又有一人执
三尖矛站立在东堂旁边，一人执矛站立在北堂的台阶上。这些仪仗队伍，都
穿有不同的服装。

但随着周代奴隶制国家政权的逐渐完善和强化，王室与诸侯的仪仗队伍
亦越来越庞大和复杂。从《周礼》记载看，当周王出行时，由虎贲氏率领仪
仗队伍在王前后行进。其中，旅贲氏执戈持盾，在王者乘车的两旁随行，左
右各八人。节服氏六人手捧象征周王的太常旗的游（旗子的垂饰）。子臣则在

皇帝大架卤簿图

王出入游玩观赏时，步行前导。又有戎右、齐右、道右同行。此外，参加仪仗的人员还有田仆、道仆、戎仆、大驭……等等。此时，周王的仪仗已相当庞大和完备。

后代帝王及官员的仪仗制度，史籍又称为卤簿。"卤"字亦作橹，又作"樐"，音义相同。卤即大盾牌，以甲为之，坚硬可御敌。是指大楯；簿，郎为著之簿籍之意。由于甲盾有先后排列之序，且有专簿籍记载，帝王外出时仪仗队须得遵循，故称之为"卤簿"。"卤簿"之名开始于秦汉。这时的仪仗较先秦更为显赫、威严。史籍记载，战国前后诸侯出行的侍从只有九乘，而秦汉时，皇帝"大驾"有公卿奉引，大仆御、大将军陪乘的侍从车队竟达八十一乘。就是"法驾"，即规格稍低的皇帝出行仪仗车队亦有三十六乘。

唐代以后帝王及官员出行的仪仗在文献中有较完善的记载。据《通典》记载有唐代皇帝大驾卤簿为：导驾者先后为唐京畿地区的地方官万年县令，京兆牧以及朝廷重臣太常卿、司徒、御史大夫、兵部尚书。后是"清游队"，警日泽旗二，分左右，各有二人执，二人引，二人夹。再后是金吾折冲二人，各领四十骑，戎服，分左右。再后是金吾大将军，二人，分左右……整个皇帝大驾的仪仗队伍，从朝廷重官到侍从护卫，鼓乐旗盖，车骑扇辇，清道杂役……前后排列计有120多列次。而其中较多列次都是一个庞大的方队或纵队，有12人至300人不等。如左右威卫折冲都尉各一人，都领掩后200人，各执大戟刀楯弓箭及弩，50人为一行。左右厢步甲队有48队，每队25人，共为1200人。粗略计算，皇帝大驾仪仗总人数竟达万人之余，浩浩荡荡，耀武扬威，赫赫阵势，何等壮观！

皇室一般成员和官员的仪仗其规格虽比皇帝低得多，但大官们的仪仗亦是十分堂皇。如唐宋时，一品官卤簿，除鼓吹、伞、扇、幡、盖外，戟、刀、盾、弓箭与兵仗多至三百数十人。除僚佐之外，随从、清道、车骑、驾士亦在40人以上。但明代官员仪仗似趋于简省，公10人，侯8人，伯6人，一品至三品亦

仪仗用品——肃静牌

6人，四品至六品4人，七品至九品2人。引道七品以上者三对，用锡槊、钢叉、藤棍；八九品只用竹篱一对引道。清代品官仪仗中等级最高的是总督仪仗，用伞、扇、旗，枪、兵拳、雁翎刀、兽剑、藤棍、钢棍、皮槊、迴避牌、肃静牌等十七对。

总之，古代仪仗制度主要起维护统治阶级尊严和权势的作用，也是古代专制社会和奴隶、封建等级制的象征。

在我国古代，"礼"字有狭义和广义之分：广义的礼，可以指一个时代的典章制度，即凡政教刑法，朝章国典，统称为"礼"。比如夏礼、殷礼就是指夏代和殷代的典章制度，周礼就是有关周代的政治、经济和社会制度。狭义的礼，则专指人们的行为规范、规矩、仪节，如当时各级贵族经常举行的祀享、丧葬、朝观、军旅、冠昏诸方面的典礼。

《周礼》、《仪礼》、《礼记》是我国古代三部最著名的礼典，总称为"三礼"，它是我国先秦各种礼制的总和，包含了礼的全部内涵。自古以来，各种门类的典礼，只在各级贵族之间举行，"士"以上才能参加礼乐活动。春秋以后，社会发生了变革，古代礼制渐被废弃。但礼家后来进行了系统整理和总结，归纳为吉、凶、宾、军、嘉五类，总称"五礼"。军礼是其中的一类。据《通典》卷四十一载，"自伏羲以来五礼始彰，尧舜之时五礼咸备"，其排列顺序是"前古以来凡执礼者必以吉、凶、军，宾、嘉为次力，后来又渐以"嘉、宾、吉、军、凶"为序。这说明，在古代社会里军礼与祭祀同样重要。诸侯有不顺服的行动，或者在执行王朝所颁制度时有僭越行为，就得用武力威慑，使之就范。

据史籍记载，我国古代军礼主要有五个项目：即大师之礼、大田之礼、大均之礼、大役之礼、大封之礼。大师之礼是天子或诸侯在采取征伐行动时举行的典礼，《周礼·春官·大宗伯》载："大师之礼，用众也。"师即军队，大师指王者出动军队讨伐作乱者。古代诸侯邦国相互之间常兴无义之战，王者为此出征讨伐，其出征之军队，行止动容都有礼法规定，大师之礼即为此而设。如宗庙谋议、命将出师、载（木）主远征、凯旋献俘等，史籍中每每都有此种典礼的痕迹。大田之礼是定期狩猎时举行的典礼。《周礼·春官·大宗伯》载："大田之礼，简众也。"田为田猎，简为检阅、检查。古代天子诸侯每年都要定时出外田猎，属于礼仪活动，它既有娱乐性质，又具军事意义。

天子诸侯常借田猎之机，搞军事演习，检阅军队，故称简众。另外三项都是凭借军事力量进行国务活动时举行的典礼。"大均之礼，恤众也"（《周礼·春官·大宗伯》）。即天子诸侯在畿内，用军礼的威严来统一调度邦国万民以减少阻力。大均就是校正户口，调节赋税的征收等。国民和赋税都是军队的主要兵源和财源，为防止各地区征兵、征赋的不均，故用大均之礼进行调整，以示统治者恤民之意。大役之礼，古代凡建王宫城邑，掘河筑堤等大工程，都属大役。大役需要众多的劳力，往往近乎倾国出动。故史籍曰："大役之礼，任众也。"大役既属举国万民之事，故须用军礼的威严而统率之。大役之礼即为此而设。大封之礼，古代封国各有疆界，若有侵犯，或相互交错不正，天子则出动军队征伐肇事者，以武力治理封疆，使之归正。故大封之礼是勘定国与国、私家封地和封地之间的疆界，需要军事力量的支持和保障而进行的典礼。这五个项目的军礼活动，究竟要举行多少典礼，经传亡佚，已无法稽考，但每五项任务至少在开始和结尾时需要有礼仪性的活动，而且程序繁复。

以上军礼之五个项目，多是指先秦时期，到了后世，军礼多专指军中礼节。《汉书·周勃传》云："介胄之士不拜，请以军礼见。"就是一例。

军队的 "信号灯"： 军旗

旗，在我国起源很早。在《列子》中就记载有黄帝与炎帝大战（即我国历史上已知的最早的一场大战"阪泉之战"）时，就"以雕鹖鹰鸢为旗帜"，也就是有以各种猛禽为装饰的旗帜了。原始的旗帜并不是在旗竿之上系一幅纺织品，而是在树枝上捆一大把茅草，或在树枝上悬系一件动物尾巴之类的醒目的东西来作为标识和指挥的。殷人已经普遍用旗，周代就已经有各式各样的旗。到了秦汉以后，随着常备军的增多，军队专用旗帜也越来越多，以至于新兵入伍之后，熟悉各种旗帜的训练必须专门进行，古时就叫做"教旗"。单是《武备志》一书中绘出样式的不同形制与图案的军阵用旗就有88种之多，再加上颜色的变化，就更多了。

在这里所讲的军旗，是指象征军队及其各级建制部队，以及做标识、号令和通讯工具的军阵用旗，并不是有如今日统一全军的制式"军旗"。

在我国古代战争史上，以旗帜振奋军心，以旗帜迷惑敌军的故事很多，如"登城立帜"、"移帜破敌"、"疑帜惑敌"等，比比皆是。据史料记载，唐征讨百济之战，左骁卫大将军苏定方在进攻百济俱拔城之时，乘百姓相率来投之机，命军士登城立帜。这种做法出人意料使百济守军军心大乱，而攻城的唐军则斗志倍增。宋代吐蕃族与党项族之间进行的"河湟之战"，曾有"移帜破敌"的故事。党项族首领赵元昊在挥师渡河而进时，"插旗记线"，以求退路。但吐蕃族首领嘉勒斯贲是一位能谋善断、工于心计之人，他将计就计，一面指挥军队与赵元昊作战，一面派人潜入其后，把旗移至深水之处。经过激战，赵军被打败，士兵们夺路而逃，见插有旗子的地方便跳下去，结果十有八九被淹死。这时，嘉勒斯贲又挥师大进，虏俘甚众。

我国古代军中之旗帜，按类型划分，主要有以下诸种：

1. 号旗

我国古代最早用于军队作战的是号旗，如上面说的黄帝与炎帝大战时，所用各种图腾的旗帜。又如春秋初年，郑国大将考颖叔手舞大旗，首先登攀城墙，指挥全军。这些旗帜，都属于号旗。那时由于盛行五行相生相克的学说，因而军队常以各种颜色表示，如秦用黑旗，汉用赤帜。韩信背水破赵，预先选轻骑兵两千，每人手持一面赤帜，等到赵军出阵，突然从后抄袭敌营，拔去赵军旗帜，尽"立汉赤旗"，取得以少胜众的奇功。直到唐时，旗帜仍是靠颜色有异或图腾为标志用来指挥作战的，如大将李嗣业攻吐蕃，手持大旗孤身冲上山峰，全军为之鼓舞，纷纷陷阵杀敌。

2. 阵旗

阵旗在古兵法里常有叙述阵图的，著名的诸葛亮"八阵图"、李靖的"六花阵"，就是靠不同颜色旗帜去排列和组合。旗分五色，东青龙、西白虎、南朱雀（红）、北玄武（黑），加上中央的黄土摆成五方阵称五方旗。军营和阵地的各个方位也有各自的旗帜，如角旗、门旗等。

3. 联络旗

联络旗古代军队行军，主要是在白天。军中各部分，特别是前锋和主帅所在的中军之间的联系，主要是借助旗语进行的。据宋代许洞所撰《虎钤经》记载，当先头部队在行军中遇到林树堵路，关隘难行，需砍树开路时，就举起青旗；当遇有高山峡谷，无迴旋避敌之地时，便一边一路顺风烧草，防敌

令旗

火攻，一边举起红旗；如果发现前方有列阵以待的敌兵，就要赶紧抢占有利地形，摆开阵势，同时举起白旗；如果前方是低洼沼泽地带，或是溪涧不平，就举起黑旗；如果前方平坦开阔，就举起黄旗。

4. 令旗

古代军队作战指挥时，领兵将军还常常置有传令小卒，手执令旗，传达命令。令旗除了传达命令之外，有时还作为督战、奖励的标志。如太平军制有专斩临阵退缩旗，以执法督战。此旗为黄铜火焰边，长阔一尺二寸，上写"东王有令"，下写"专斩临阵退缩"六字，盖用东王印。又制有胜旗，由各军总制自制，各王盖印，用以奖励战胜者。

5. 牙旗

古代军队象征全军的旗帜一般称"牙旗"。其所以称"牙旗"，有两种说法：一说是以象牙为饰而得名，"古者天子出，建大牙旗，竿上以象牙饰之，故云牙旗"。另一说谓军之将是王之爪牙的意思。"诗曰：'祈父，予王之爪牙'。祈父，司马，掌武备，象猛兽，以爪牙为卫，故军前大旗谓之牙旗。"当然这两种说法都不一定准确，这里仅供参考。有一点可以肯定：牙旗是全军最重要的旗帜，也是最大的旗，充任牙旗之旗手也必须选择身强力壮者。例如，三国时曹操的贴身侍卫典韦就是牙旗旗手出身，"形貌魁梧，臂力大过人"。他最初在赵庞军中，"以牙旗长大，人莫能胜，韦一手建之。庞异其才

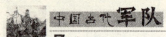
力"（《三国志·魏书·典韦传》）。这种情况直到清代仍是如此。例如，曾在太平军中生活过的英国人哈唎在著名的《太平天国革命亲历记》中写道："军中执掌旗帜的旗手颇多，都由精壮忠勇的人充任。重要统帅的旗手和高级军官的官阶同等，他们在军中所处的地位极为光荣。有些旗手是我生平所见到的最勇敢的人。"

由于牙旗是全军的象征，所以古代军队在出征之前一般都要在牙旗前举行"祭旗"的仪式，古人视"牙旗者，将军之精"，牙旗若能受到神灵福佑，全军似乎就可保平安了。

牙旗是一支军队的主要标识，所以在战争中，牙旗在哪里，就表示指挥中心在哪里，主将在哪里；旗不倒，主将就在，全军就存在，旗一倒，就表示主将不存，全军已经崩溃。正因为如此，在古代战争中，双方都要拚死保护自己的牙旗，并设法夺取或砍倒对方牙旗。如果一方能采取突袭的手段夺取或砍掉对方的牙旗，对方全军就可能垮掉。汉代名将李广年轻时，从周亚夫征讨吴楚七国之乱，曾夺取对方帅旗，故而名显天下。岳飞抗金初期，"从王彦渡河，至新乡。金兵盛，彦不敢进。飞独引所部鏖战，夺其纛而舞。诸军争奋，遂拔新乡"。

牙旗，在古代军队中并无统一制式。有的以最高统帅或一军主将的姓或姓名绣或写在上面，如宋代岳飞所部的大旗是"以红罗为帜，上刺岳字"；魏胜所部的大旗上是"山东魏胜"四字；王友直的忠义军旗上则大书"宋忠义将河北王九郎"。有的又以不同颜色作为各支部队的区别。如清代经制兵八旗和绿营，均以军旗的不同颜色而命名和区分的。努尔哈赤在传统"牛录制"的基础上，创建了八旗制度。起初仅编成四个"固山"（旗），各用不同颜色的旗帜以示识别，即分为红旗、黄旗、蓝旗、白旗四种。后来，随着势力的日益增强；为适应军事上的需要，又增建四个旗，在原来各色旗帜周围镶边一道，即为镶红、镶黄、镶蓝、镶白。至此，八旗制度基本奠定。皇太极继位后，又增编蒙古八旗，旗色与满州八旗相同。崇德四年始增汉军纯皂（黑）、皂镶黄、皂镶白、皂镶红四旗。后又扩充为汉军八旗，颜色改与满蒙八旗相同。

6. 将旗

全军的标识是将旗、牙旗，军中每一部分也有自己的旗帜，作为这一部分的标识。这些旗帜各级的大小不同，同级各部又由旗心、旗边和旗上的带子的颜色来区分。一望旗帜，就可知这是哪一部分。按一般惯例，中营用黄旗，前营用红旗，左营用兰旗或青旗，右营用白旗，后营用黑旗，再以边、带的颜色表示对上一级的隶属关系。作为偏将、裨将统制某一部分的旗帜，就是他那一部分的标识。作战时，战士就在这面旗帜之下，冲锋陷阵，哪怕是牺牲到最后一个人也要将旗帜保住。如果失去了旗帜，这支部队就算不存在了。戚继光就规定："凡失旗鼓旌节者，全队斩；或为贼所取者，亦全队斩。有功准赎。"据史料记述，太平军对军旗要求十分严谨，无论队伍如何庞大，旗帜、招（号）衣、腰牌都要标出番号，一望便知所属。《太平军目》规定，太平天国的军队，从两司马起均置军旗，"旗分五色，各系地名"。军旗的尺寸形状都有严格的规定：两司马旗二尺五寸，以上各级各加五寸，至丞相止，均为三角形。王以上为方旗，王旗八尺。副军帅八尺五寸，正军帅九尺。军帅所属共有军旗 556 面，行军之际，旌旗蔽日，威武雄壮。

军队的权威：军法

军队中，要行法令，信赏罚，首先必须要制定出明确而合理的各种纪律条令，古代称为"军法"、"军令"、"赏格"、"罚条"。这类军纪军令，是军队中每个成员共同的行动准则，是整齐步调、努力作战的基础，是令行禁止、执行赏罚的依据。从这种意义上说，也就是克敌制胜的一种保证。

严格来讲，军法是社会中法律制度的一部分，而且是最早形成的一部分。据《尚书·胤征》载："政典曰：先时者杀无赦，不及时者杀无赦。"《韩非子·饰邪》说："禹会诸侯之君于会稽之山，防风之君后至，而禹斩之。"这就是我们今天见到的最早的军法：不准时进入战斗岗位者斩！不过，在奴隶社会中，同其他法律条文一样，习惯法、不成文法还占主要地位，而且只由少数奴隶主贵族掌握，造成"刑不可知，威不可测"（《左传·昭公六年》孔颖达疏）的局面。到奴隶社会后期与封建社会初期，成文法才逐步制定并公之于众。公元前536年，郑国的执政子产第一次"铸刑书"，即将成文刑法铸在大鼎上公布，这是我国公布成文法的开始。23年之后，晋国也"铸刑鼎"。从此，我国才有了正式公布的法律条文。正由于这个原因，在春秋时期的兵

书中,《孙子兵法》、《孙膑兵法》都没有记载具体的军法条文。在战国时成书的《周礼·夏官·诸子》和《韩非子·外储说右上》中首次出现了"军法"这一概念,战国时期的《司马法》中第一次有了关于车兵、步兵的战斗条令的简略记载:"凡战:定爵位,著功罪";"在军,法";"约法,省罚。小罪乃杀,小罪杀,大罪因";"立法:一曰受,二曰法,三曰立,四曰疾,五曰御其服,六曰等其色,七曰百官无淫服。凡军,使法在己曰专,与下畏法曰法"(俱见《司马法·定爵》)等。从这些记载可以知道,在战国时期,军队中已经立法,而且与赏功罚罪紧密结合。对于如何立法执法,已有了若干经验总结。所谓"约法、省罚",就是说法令要简明,惩罚要慎重,如果小罪就动辄杀人,那将会带来更大的罪恶发生。而"立法:一曰受"一段,则是分析立法与执法中应当注意的若干问题:全军必须共同接受其约束,要使人人明白军法的具体内容,订立后任何人不能随意改变,军法应具有紧急性和机密性,军内应从平时严格区分各人不同的穿戴入手培养其时时守法的习

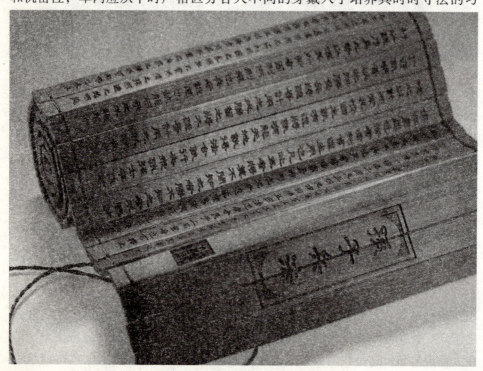

竹简《孙子兵法》

惯，军官使军法服从自己叫专制，军官与士兵一样守法才叫法制。这一系列论述都是相当精辟而实用的。这是以法治军的宝贵经验。遗憾的是更为具体说明的军法军令未能记载在内。

有关古代战争中各种军法军令的记载，我们无须详细介绍。但从这些军法军令的制定中，以下几个重要问题是值得后世借鉴的：

首先，军法军令必须在作战之前制定，并向全军将士明白宣布讲解，让大家熟悉之后，方能自愿遵守。《尉缭子·制谈》最早明白地阐明了这一点："凡兵，制先定，制先定则士不乱，士不乱则形乃明。金鼓所指，则百人尽斗。陷行乱阵，则千人尽斗。覆军杀将，则万人齐刃。天下莫能当其战矣。"《神机制敌太白阴经》卷三则讲得更为具体："先甲（即出兵之先）三日，悬令于军门。付之军正（军正详后），使执本宣于六军之众。有犯令者，命军正准令按理而后行刑，使六军知禁而不敢违也。"明代戚继光练兵时，其中有一个专门的科目，就是学习各种军令。戚继光要求全军认真学习军令，"每人一本，每人教场，先令每队中识字者一人，谈与众听，日限若干，抽兵考背，书声彻外。至有兵人苦之曰：'我辈能读书，必去考做秀才，不来当兵矣！'此岂得已哉！人心既苦，则又从而解喻之，使知当习之故。如此人人知我令矣，然未必人人行我之令也。于是再约以期，挨次查其行否，怠事者有诛。岁月之余，习久信立，人人知方，是之谓节制之师"（《练兵实纪杂集》卷二）。

第二，为了向军中将士讲解军法军令，也为了在作战时能准确无误地执行军法军令，古代军队中往往设有这方面的专门官员如"军正"、"中候"，有时，代表皇帝监督全军的"监军"也得执行这方面的任务。在《史记·司马穰苴列传》中，春秋时的齐国就已有掌握"军法"的"军正"。《列子·说符》说："好兵者之楚，以法干楚王。王悦之，以为军正。"由此可知，"军正"这类军中执法官早已在先秦就已设置。《神机制敌太白阴经》中说过，"军正"要负责将军法"宣于六军"。《三国志·吴书·凌统传》载，凌统与陈勤饮酒之后口角，陈勤对凌统加以侮辱。凌统不能忍，遂抽刀砍死了陈勤，违犯了军法，乃"自拘于军正"。这正是"军正"负责执行军法的一例。《新唐书·段秀实传》记载，白孝德率领的军队因粮食不够，军纪遂坏，"军辄散剽，孝德不能制。秀实曰：使我为军候，岂至是邪！"由此可知，"军候"也是专门维持军纪的军官。我国古代最著名的军法官，要推西汉武帝时担任中央直属部队的军正丞（军正的副手）的胡建。他为官清廉，穷得买不起一车、一马，经常与士卒一道步行。可是，他执法严明，刚正不阿。有一次，"监军御史为奸，穿北军垒垣以为贾区（即市场）"，坐地经商。对于这位执法犯法的高官，胡建毫不畏惧，决心依法惩治。他和部下做了充分准备之后，就在一次选兵选战马的集会上突然走上令台，当众将这位监军御史斩首，然后向汉武帝送上奏章，"臣闻军法，立武以威重，诛恶以禁邪"，表明"臣谨按军法"斩首的道理，得到了汉武帝的支持和鼓励。

第三，制定军法军令要十分慎重，注意文字的准确性与军令的严肃性，方能达到"军令如山"的效果。戚继光根据自己的切身经验强调"兵中号令，更不可一字苟且"（《练兵实纪杂集》卷二）；"不可临时反复，使三军疑惑，故云：将无还令"（《练兵实纪》卷二）。应当说，这是十分重要的经验之谈。

第四，古代的军法军令都有一个突出的特点，就是强调军队各级编制单位内部的相互监督。一人违纪犯法，周围的人都要负责任，这是把法律中的"连坐"法应用于军队之中，以求军中违纪犯法的行为尽可能地减少。《尉缭子》中有《伍制令》一篇，就是专门讲这个问题的："军中之制，五人为伍，伍相保也；十人为什，什相保也。"在各个相保的单位之中，凡有"干令（即违令）犯禁者，揭之，免于罪"；如果知情而不制止、不揭发，则必须全体受到处分。这样，就可能做到"什伍相结，上下相联，无有不得之奸，无有不揭之罪"。不仅在"什伍"之间要连坐，《尉缭子·兵教上》还主张，对于上战场之后违纪犯罪，"非令而进退"的，还必须处分这些人的教官。"凡临阵，若一人有不进死于敌，则教者如犯法者之罪。凡计保什（即一"什"之中互相连保），若亡一人而九人不尽死于敌，则教者如犯法者之罪。"这种处罚是很严的。所以要如此，这是因为《尉缭子》认为战场上的表现主要是平时教练的结果，必须尽力加强平时教练者的责任，提高教练的效果，"凡明刑罚，正劝赏，必在乎兵教之法"。应当说，这种主张是不无道理的。所以，从先秦到明清，这类连坐之法在军队中一直存在，而且有若干详细规定，只是各时期的具体规定各有不同而已。

古代步兵的优势地位

中国的先秦时代，常用"千乘之国"、"万乘之君"来形容一个诸侯国军事力量的强大。"千乘"、"万乘"中的"乘"，是指四匹马拉的一辆战车，延伸开来，也可以指一种以战车为中心的编制单位。一辆战车上一般配备3名士兵，使用各种长短兵器。除了车上的士兵，每一辆战车还有配合作战的步兵，两者共同组成一个基本作战单位，就是"乘"。"乘"是车战时代最基本的编制单位。关于一辆战车配属的兵力是多少，有很多说法，大概从二三十人到100人不等。那时候大的诸侯国都是"带甲百余万，车千乘，骑万匹"，把步兵放在了战车的前面，可见步兵的重要性大大增加。

汉、唐等朝代，政府对北方游牧民族采取攻势作战的策略，所以非常重视骑兵建设，骑兵的数量多、战斗力强，是主战兵种，步兵的重要性相对较低。而像宋朝这样对游牧民族主要采取守势的朝代，骑兵的比重就变得非常低，步兵担负着主要的作战任务。

古代的步兵有些是由战时招募的农民临时组建的，有些则是经过严格训练的专业化步兵。古代军队中对于专业步兵的要求非常严格。比如战国时期魏国建立选拔"武卒"的制度，被选中的武卒可以享受到减免赋税的待遇，但是要求士兵能使用力道达到十二石的弩，还要能背负全套铠甲、武器以及三天的干粮，半天之内急行军百里。专业的步兵必须具备多种作战技能，即要学会使用远程武器（主要是弩），又要具备近战格斗的能力（当然在实际作战中，还是各有侧重），相当于如今的特种部队了。

由于认识到骑兵在作战时的优势，所以历代中原王朝在条件允许的情况之下，都倾向于尽全力发展骑兵。当然，中原王朝为抵御北方游牧民族的侵扰，也发明了不少以步制骑的办法。经过严格训练的步兵，在与骑兵

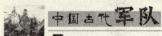

的正面对抗中也并不总是落于下风。但是总的来说，由于骑兵具备远远超过步兵的机动性，所以步兵在骑兵面前是比较被动的。

当然，步兵作为基础兵种，也具有很大的优势，就是训练比较简单，而且成本也低。即使是严格训练的步兵，其训练和作战的花费也远远少于骑兵。再加上从古至今中国在人口数量方面都具有很大优势，大批征发的步兵就理所当然成为历朝历代军队中的主要组成部分。古代的步兵并不是最受重视的兵种，在大多数时期地位也不高，但是从数量上看，步兵却是无可争议的战争主力。正因为如此，纵观整个古代战争史，步兵绝对称得上是最重要的兵种。

第二节
军队的生活

军队的经济交流

汉文帝时期，匈奴扰边，文帝甚以为忧，曾叹曰："嗟呼！吾独不得廉颇、李牧时为吾将，吾岂忧匈奴哉！"廉颇和李牧都是战国时赵国的著名将领。文帝希望有这样的良将守边，对付匈奴的进攻。可是，身边有一位大臣叫冯唐的却说："陛下虽得廉颇、李牧，弗能用也。"文帝不高兴了，起身进殿，过了好久，单独召见冯唐说："公奈何众辱我，独无间处乎？"意思是：你怎么当面批评我，难道就不晓得照顾我一点面子吗？冯唐一边谢罪，一边把自己要说的话说完。他认为，现在不是没有像廉颇、李牧那样的良将，而是朝廷不懂得起用他们。他举例说，云中太守魏尚在边境治军有方，从军市中得到的租税，全都赏给士卒，每隔五天就杀牛置酒款待幕僚、裨将，深得将士之心，边疆巩固，匈奴不敢来犯。即使偶尔犯境，魏尚身先士卒，众将士也纷纷效死杀敌，使战功卓著。可是，魏尚也像李牧一样被人谗言陷害，因为在将军幕府言语不当，而被绳之以法，竟被免官，这是很不公平的。文帝了解情况以后，立即派冯唐持节到云中赦免了魏尚之罪，并恢复其太守之职。

这个故事提到的"军市"，就是由军队组织设立的市场。从文献上看，大约存在于战国至五代时期，以秦汉三国时期较为盛行。军市的作用，主要是为满足军队吏卒日常生活的需要，而由军人之间或军人和其他社会成员之间进行交易买卖。但是，由于军队是一个为国家安全和战争需要建立的特殊社会集团，军中的市场管理，也就有其特殊的规定。

战国时的文献《商君书·垦令》说："令军市无有女子，而命其商人自给甲兵，使视军兴；又使军市无得私输粮者，则奸谋无所于伏，盗输粮者不私稽，轻惰之民不游军市。"秦国在商鞅变法以后，素以法令严而著称。关于军市的管理规定，当然不只以上内容，但也可看出军市的特殊性。女人不能出入军市，是担心她们经常出入军营会影响士气。商贾到军市来主要是为军旅提供军需物资。军市中的粮食不得私自交易，这主要是因为军粮关系到军旅的命脉。军队是纪律严明的组织，游手好闲之徒不得随便来到军市。在和平时期或内地城邑，

廉颇雕塑

设立军市必须得到有关方面的批准，不能随意设立。战争时期则因为某种特殊需要，可以临时在某一地区设立军市，以供将士的急需。《三国志·吴书·潘璋传》说吴将潘璋"征伐止顿，便立军市，他军所无，皆仰取足"。因为行军征讨，驻屯不定，或村居荒稀，或正常的物品供应渠道不畅，而又必须让士兵日常生活用品能有补充，于是，军市的设置是必要之举，并可在战乱时减少士卒扰民事件的发生。

不过，军队通过军市和百姓之间进行交易时，往往也会因为军人是特殊阶层，有武力为后盾，强买强卖而导致军民之间发生矛盾。曹魏时，宣王司

古代军市

马懿率军驻屯长安，"立军市，而军中吏士多侵侮县民"，地方官颜斐找他告状，于是"宣王乃发怒，召军市侯，便于（颜）斐前杖一百。……宣王遂严持吏士，自是之后，军营郡县，各得其分"（《三国志·魏书·仓慈传》注）。可见，对军市如不严加管理，无论对军队还是对地方，都会造成不利的影响。

军市的主管官员，在秦汉三国时，一般都为军市令或军市侯。西汉的丙吉就担任过"车骑将军军市令"，东汉祭遵"从征河北，为军市令"，分别经管某一级部队的军内交易事宜。

除了满足将士日常生活需要之外，军市对朝廷的军队建设来说，也有重要的作用。朝廷视军市租税为军队收入的一项来源。军市交易需交租，市租即商业税，是调节市场交易的经济手段。据学者估计，汉代的市租大约为交易额的百分之二。这种收入，按汉制"市肆租税之人为私奉养"的惯行作法，不纳入国家财政。郡县市租上交皇室享用，而军市租则作为军将的"小金库"来支用。魏尚把军市租尽飨士卒，说明他不贪财，为将廉洁，不独吞军中的"小金库"。战国时李牧也是这样，"为赵将居边，军市之租皆自用飨士"（《史记·冯唐列传》）。他们以军市租用于军中，鼓舞士气，巩固边防，所以被冯唐提出来，作为军将的楷模。

有时军市租的收入还十分可观，军将可以因此而获得不少的钱财，却也诱发将吏贪污，中饱私囊。汉代军旅中的腐败现象比比皆是。西汉张武"受赂金钱"，汉文帝为愧其心，反而多多赏赐；公孙敬声"擅用北军钱千九百万"；李广伐大宛，军用充足，士卒战死者不多，但因为将吏贪财，侵夺士卒，致使逃亡、病死者甚众。《后汉书·西羌传》说，在平定西羌的战争中，"诸将多断盗牢禀，私自润人，不恤军事，士卒不得其死者相望于野"。军将们连国家提供的军费、军粮尚且进行贪污，对利用军市收租盘剥士兵的机会，就更不会放过了。获取军市租显然也成为军市普遍设立的原因之一。

古代军市的规模、形制情况不一。除了战时临时设立的军市以外，平时的军市规模并不一定太大。唐代以前，城市商业区是与居民区互相隔离、分开管理的。市的周围有墙环绕，里面设肆室，即店面、摊位。市门按时闭启，实行严格的封闭管理。市吏负责评定物价，检验商品和衡器。交易者注籍登记，市吏为双方的交易契约加盖官印，收取市租。军中之市因涉及军事安全，在管理上必定更加集中、规整和严厉。《汉书·胡建传》中所说的北军"贾区"其实就是一个买卖东西的室屋。从《居延汉简》中也可以发现，古代军市有相对固定的场所，军人在其中交易，或物物交换，或现金支付，或契约赊买，但都要登记入簿，定期汇总上报，并按交易额抽取市租。这种簿籍有许多就在居延汉简中保留了下来。军市既为交易场所，也就是军中公共场地，有的范围就较大。正如朝廷处决罪犯有"弃市"一样，军中行刑有时也在军市。后周显德六年（959年），就曾在军市处决了被俘虏的契丹刺史李在钦。

军市在五代以后就不多见了，究其原因有二：一是北宋以后，城市商业区和居民区的划分已经不那么严格，商店可以沿街随处开设，营业时间不受限制。同时，城郊的草市和农村的集市星罗棋布，还出现了许多商品经济十分发达的市镇。这使得军队购物十分方便，军市也就没有了存在的基础。二是北宋大力推行国家养兵，兵士不但俸禄给优厚，而且衣装等日用所需都由朝廷包办，甚至还向军属发放衣粮。有的士卒因衣装穿不完就加以变卖，致使朝廷不得不加令禁止，军市也当在取消之列了。也就是说，在军队基本走向职业化以后，军市也就没有存在的必要了。

军医制度的完善

战场拼杀，你死我活，必有伤员；远行征伐，风餐露宿，必有病员；两军对阵，总以消灭对方将士为目的，不择手段，放火投毒，也时有发生。所以，战争中可谓无日不出现大批的伤病员。对这些伤病的预防与医治，是战争的一个重要组成部分。我们要了解古代的军队，也就必须了解古代军队中是如何解决各种伤病的防治，也就是古代的军事医疗。

自从有了军事对抗，也就必然会有军事医疗，这是很自然的。我国的军事医疗，其起源应是很早的。汉字的"医"（繁体本作"醫"）字、"疾"字都从"矢"，即箭镞。甲骨文中的疾字作，是以箭射人之意，这是古代医学的起源与战争关系密切的极好证明。遗憾的是，我国古代的军医

吴起雕塑

制度未能有专门的典籍加以记载，对古代的军事医学亦从未有过系统的总结

最早的医师也就是巫师，这是很多民族所共有的现象。我国古代也是巫、医不分，所以最早的军医也是由巫师兼任的。我们现在所能见到的最早的关于军医的记载是《墨子·迎敌祠》，讲述敌人前来进攻时，如何迎敌的各种对策，其中一条迎敌的准备是"举巫师，卜有所，长具药，宫养之"。孙诒让在《墨子间诂》中对"长具药"的解释是"医之长掌具药备用"。战国时的兵书中，《（六韬·龙韬·王翼》在记述"王者帅师，必有股肱羽翼"的七十二人之中，就有"方士三人，主百药，以治金疮，以痊万病"。这些记载都很明确，最早的军医是由巫师、方士兼任的。

在秦汉时期，军医是逐步与巫师、方士分离而独立的，只是尚未见到这方面的材料，情况不明。在隋代，军中专门设置有"尚医军主"（见《通典》卷三十九）。在唐代，军中设置有"检校病儿官"见《通典》等官职，担任专职军医。而唐代的地方军队较长驻扎之地，则在军中有更为系统的军医人员，"有太医、药童、针咒诸生"。到了宋代，军医制度更为完备，军医已是按全军人数的一定比例配备，"医药之人，二十人以上，以兵数增之，兽医亦医人之数"（《虎钤经》卷一）。到了明代，就可以了解得比较清楚，如戚家军中每营配备"医士（又作医生）一名"，并给医士配备一名为之服务的"家丁"；此外还配备"医兽一名"，也配备一名"家丁"（《练兵实纪》卷一）。戚家军每营人数在三千人左右，只有军医一人，可知这个比例不高，军医人数是不多的。不过，从隋唐以来，军医之下都还有若干助手，协助军医工作。

古代战争中有关军事医疗制度的系统材料未能流传下来，但古代军队中的将帅对军中伤病员的医疗救护相当重视，往往是亲自督促或过问其事，这却是十分明确的。春秋时的越王勾践率师出征时宣布："士有疾病不能随军从兵者，吾予其医药，给有糜粥，与之同食。"（《吴越春秋》卷十）著名军事家吴起在作战时，"卒有病疽者，起为吮之"（《史记·孙子吴起列传》）。另一位大军事家司马穰苴对伤病员也是"问疾医药，身自拊循之"（《史记·司马穰苴列传》）。东汉大将段颎，"行军仁爱，士卒疾病者，亲自瞻省，手为裹创"（《后汉书·段颎传》）。唐太宗李世民在东征高句丽时，"有从卒一人，病不能起，太宗抬至床前，问其所苦，仍敕州县厚加供给"（《通典》卷一五

二）。北宋名将种世衡"善抚养士卒，病者，遣一子专视其食饮汤剂"（《宋史·种世衡传》）。南宋名将孟珙在今湖北地区与元军作战时，"将士弥月苦战，病伤者相属，珙遣医视疗，士皆感泣"《《宋史·孟珙传》）。这些，都是军中主将亲自过问军中伤病员之医疗的著名事例。

关于战争中救治伤病员的组织，我们可以在唐代以后的记载中见到一些情况。

在唐代，规定军中除"诸将三日巡本部吏士营幕，阅其饮食粗精，均劳逸，恤疾苦，视医药"之外，"诸每营病儿，各定一官人令检校，煮羹粥养饲"。这个负责全营"病儿"的"官人"就称做"检校病儿官"，他必须每天将全营伤员情况"通状报总管"，然后"令医人（医人可能是检校病儿官下属的军医）巡营，将药救疗"。如果军队要行动，"营主共检校病儿官量病儿气力，能行者，给傔人（即服役之人）一人；如重不能行者，加给驴一头"。如果放弃伤病员不抢救，不转移，即"弃掷病儿，不收拾，不养饲者"，则从检校病儿官直到傔人"各杖一百"；如果发现有"未死而埋者，斩"。

宋代的《武经总要》卷六中，则根据不同情况而规定了救伤员的不同的办法："凡军行，士卒有疾病者，阵伤者，每军先定一官，专掌药饵、驮舆及扶养之人。"如果在国内、在自己控制区域，即"若非贼境，即所在寄留，责医为治，并给傔人扶养"，即留在地方上医治。相反，"若在贼境，即作驮马舆及给傔将之，随军而行，每日本队将校亲巡医药"。当然，"如弃置病人并养饲失所主者，皆量事决罚。气未绝而埋瘗者，斩"。此外，只要条件允许，对死亡战士的掩埋，死者家属的安慰抚恤等事，后勤部门都应尽力作好。否则，"求士死力，不可得也"！

如果是在战场上，如何在战斗中抢救伤员，看来古代没有一套较好的办法。明代戚继光曾规定，不准士兵在战场上停下战斗去抢救伤员，他说："阵上血战之时，遇有我兵战伤，就听在地，勿令呻吟，吾兵只管向前。就是父子有伤，你只管向前杀去，杀了贼，便可收拾调理，即是与父子报仇了。若因而守顾，不行向前杀贼，致军大败，贼马追来，就守之扶之，向何处去也？自己命且不保，如何救人？违者，斩！"（《练兵实纪》卷八）这是在刀光剑影之下为了全局的胜利不得已而采取的办法。

为了救活伤病员，古代也有类似于今天的医院式的机构，如宋代在宋金战争中，曾在磁州（今河北磁县）设立过"医药院"。据《宋会要辑稿·食货》第五十九所载，宋靖康元年（1126年），磁州知州赵将之向中央报告说"兵溃，有被伤之人，疲曳道路甚多，臣已随宜措置，出榜招收，权置一医药院，收管医治。"赵将之还建议各州县都能设立这种野战医院似的"医药院"，使伤员"逐州医治，俟平愈日，逐旋结队发遣"。宋钦宗的批示是："从之。"不过，北宋政权当时已是岌岌乎可危，所以，后来并未能认真实现赵将之的建议。

元代，战事频繁，作为一种制度，曾在各交通要地设立了类似兵站式医院的"安乐堂"。据《元史·世祖本纪七》载，至元十六年（1272年）二月，"诏湖南行省于戍军还途，每四五十里设安乐堂，疾者医之，饥者廪之，死者藁葬之，官给其需"。这种为过往军人设置的"安乐堂"，后来曾在各地设置。但在明代，未见记载，很可能未承继这一制度。

除由政府设置医疗机构外，战时还发动地方尽力收治伤病员。如隋代息州（今河南息县）刺史公孙景茂在隋军统一南方的战事中，见到"平陈之役，征人在路，有疾病者。景茂撤减俸禄，为膳粥汤药，分赈济之，赖全活者以千数。上闻而加之，诏宣告天下"（《隋书·公孙景茂传》）。前面已经谈到过，唐太宗征高句丽时，曾将伤员交给地方，"敕州县厚加供给"，这也是让地方上承担起医治伤病员的任务。这种情况在战争时期不是偶然现象，这是可以肯定的。

伤病员经治疗之后，必然会出现不少虽然保全了性命但已残废的军人，当然一般都是遣送回家，但也有由国家设法安置一部分的。如明代初年，朱元璋曾下过这样一道诏书："军士战斗伤残，难备行伍，可于宫墙外造合以居之，昼则治生，夜则巡警。"（《明史·兵志一》）让这些残废军人白天做工，夜晚巡警，虽然并未能得到较好的休养，但较之无家可归、流离失所，总算有了一个归宿。

军队中的疗伤

军队中的伤病是多种多样的，军队中的医疗当然也必须有多种门类，即有如一般医疗中的分科。在《神机制敌太白阴经》卷七中，记载了军中以下

关羽塑像

各种疾病：传染性瘟病、传染性皮肤病、疫疾、痢疾、霍乱、脚转筋、马咬伤、兵器创伤、坠马伤。军队出征，必须将治疗上述伤病的药物准备好，并将若干验方发至全军。在《武备志》卷一四三中，进一步指出了军中医疗的几项重点："军中之疾，莫急于金疮，故首之；次则其中毒者也；又次则坠马、马咬者也。此四者，非军不伤，故先之。"从历代记载中，我们可以见到以下一些军医治疗的具体方式。

外伤是军医的重点，古代一般称为"金创"、"折疡"。治疗时一方面用消肿去瘀的内服药，如《神机制敌太白阴经》卷七载治疗"有瘀血在腹内方"，以生地为主药，这是我国中医的传统疗方，使用了 2000 年。

在外科手术方面，早在晋代就已使用竹片制成的小夹板固定法治疗骨折等外伤，葛洪《肘后方》载："裹折伤处，以竹片夹裹之，令遍病上，急缚，勿令转动。"又说："凡裹缚疮，用故布，不宽不急，加系衣带即好。"这种方法，既采用竹片固定患处，又用柔软旧布包札，不松不紧，不妨碍血液运行，应当说，是相当科学的。在治疗外伤的方法中，我国在南北朝时就已发明了用桑皮线缝合伤口的技术，很快就在军医中得到推广。《虎钤经》卷十就明确记载："若皮肉断裂，剥取新桑白皮作线缝之，以新桑白皮裹之，又以新桑白汁涂之，妙极。"桑皮线缝合伤口，在我国古代曾有多次记载，据说还可以进行大手术。据唐代刘肃的《大唐新语·忠烈》所载，武后时，安金藏被来俊臣所诬陷，"引佩刀自割，其五脏皆出，血流遍地，气遂绝。则天闻，令舁入宫中，遣医人却内五脏，以桑白皮缝合之，敷药，经宿及苏"。此事后来在两《唐书》中均有记载，应当有一定的事实根据，不完全是虚构。

在外科手术中，最常见的手术是治疗箭伤，因为战场上各种创伤中，一般以中箭伤的伤员最多。一般的箭伤比较好治，如果箭镞断在骨间，就极难治愈，古人常用内服药加外敷药，据说可以使箭镞自行离骨而出。如《虎钤经》卷十中就有"出骨中箭头方","出肉中箭头方",其主药是蜣螂、土狗子、巴豆等。这类药方是否有效，当然是有疑问的。如果是毒箭，则必须服用各种解毒药，或用竹筒吸毒（类似今日拔火罐），这类解毒药方，在古代各种医书与兵书中都有记载，是否有效，现在也很难肯定。我们从历代史书中所见到的对各类严重外伤治疗的实例，往往都是不用内服药治疗的。如北魏时的长孙子彦，"坠马折骨，肘上骨起寸余，乃命开肉锯骨，流血数升"（《北史·长孙道生传》附《长孙子彦传》）。后周将领张琼进攻南唐的寿春（今安徽寿县），"矢中琼髀，死而复苏。镞著骨不可出，琼饮酒一大卮，令人破骨出之，流血数升，神色自若"（《资治通鉴·后周世宗显得三年》）。南宋名将韩世忠"尝中毒矢入骨，以强弩括取之"（《宋史·韩世忠传》）。元代的张荣中流矢于目侧，"拔之不出，令人以足抵其额而拔之"（《元史·张荣传》）。也是元代的赵匣刺，"矢镞入左肩不得出……凿具创，拔镞出之"（《元史·赵匣刺传》）。从这些事例看来，在古代外科手术还不怎么高明的情况下，外伤治疗恐怕大多数是要采取上述这些比较简单但痛苦较大的方式，不可能用内服药使箭镞自行离滑而出。

除了刀枪箭之类的创伤之外，外伤的另一个重要方面，是由各种火器的灼烧、爆炸、枪炮射击引起的。从各方面的材料来看，我国古代军医对于这方面外伤的医治是十分困难的。中国人民解放军医学科学院的范行准先生从军医的角度就这一问题进行研究之后认为："当时利用这种破坏力极为严重的武器作战，其杀伤力也是极其惨烈的，当时军事医学家在这方面的医治，必感到惶然无所措手。因它不仅死伤惨烈，而且死伤数量也是很大，不是那时医学技术所能解决的。在兵家书中，对于火伤害的疗法，虽各有简略的记载：如唐顺之《武编》、王鸣鹤《登坛必究》、茅元仪《武备志》等书，并有关于这方面的疗法，但远不能适应当时实际的需要，而且对于具有燃烧性的如油质或熔解了的铁流所伤的医方，皆付阙如，这也说明军医赶不上客观的实际需要。"这种分析是实事求是的。明清时期的一些医书如《军中医方备要》等，也载有一些方法，如"铅子在内，以水银灌入，少时倾出再换水银，铅子自化"之类，并不是科学的治疗方法，并不能真正地治好疾病。这里当然也没有介绍的必要了。

在我国北方少数民族中，还使用一种十分奇特的治疗严重外伤的办法，就是将战场上身负重伤的伤员放在刚刚剖开的牛腹中，据说可以使昏迷者复苏、病危者转安。在《元史》中记载了好几个这样的事例：布智儿征回回，"身中数矢，太祖亲视之，令人拔其矢，血流满体，闷仆几绝。太祖命取一牛，剖其腹，纳布智儿于牛腹，浸热血中，移时遂苏"（《元史·布智儿传》）。郭宝玉征契丹，"胸中流矢，帝命剖牛腹置其中，少顷，乃苏"（《元史·郭宝玉传》）。李庭攻襄阳以南的新城，"中炮，坠城下，矢贯于胸，气垂绝。伯颜命剖水牛腹，纳其中，良久乃苏"（《元史·李庭传》）。谢睦欢攻西夏时，"连中三矢，仆城下。太宗见而怜之，命军校拔其失，缚牛，刳其肠，裸而纳诸牛腹中，良久乃苏"（《元史·谢仲温传》）。这几个例子都写得明明白白，而且大致相似，可能这种特殊的疗法是有某些作用的，可惜无从得到现代医学的证实。

除了作战中所造成的外伤，军队中还有一种外伤，就是因天寒地冻而造成的冻伤。出于作战的需要，军队不得不在寒冬季节去寒冷之地作战，也不得不在野外行军、涉水、宿营、埋伏或战斗。为了行动敏捷，又不能穿着太厚。这样，普遍的冻伤就很容易发生。如《虎钤经》卷十所说："士卒涉水蹈冰，蒙犯霜雪寒风，一切凌冻所苦，或失于饮食，肌体虚劳，故头目手足皲（音军，冻裂）瘃（音竹，冻疮）也。"唐代李华在著名的《吊古战场文》（见《全唐文》卷三二一）中，对这种严重的冻伤作过很形象的描述："万里奔走，连年暴露，沙草晨牧，河冰夜渡……积雪没胫，坚冰在须。鸷鸟休巢，征马踟蹰。缯纩无温，堕指裂肤。"在这种情况下，军医的重要任务当然是医治冻伤了。

我国在军队中医治冻伤是很早的。早在春秋时期，在军队中就已使用了取自民间的在冬天水战可以不使手足皲裂的药了。近代发现的西汉时期的西陲木简中，曾经有"发寒散五合"的记载（见王国维编《流沙坠简》第七十八简）。这证明，汉代戍边的军队中，已经广泛使用了防御寒冻的药物。春秋时的"不龟手之药"、汉代的"发寒散"，其具体配方均未有载。我们现在所能见到的军用防治冻伤的药方，最早的是宋初许洞留下来的"治手足皲瘃血出方"、"手足皲瘃方"、"手足冻裂成疮方"、"手足指节皲裂欲堕落方"等，基本上都是以动物脂肪或脑髓，加上川椒、黄丹等药物外敷，外面用绷带包扎，与现代治冻伤的办法大体上是相似的。

士卒的婚姻

《水浒传》中有一段故事"三打祝家庄"，其中有一个情节是矮脚虎王英见祝家庄的扈三娘美貌，便多次出阵挑战，不想武艺却不如扈三娘高强，反被其所获。后来祝家庄被攻下，宋江还是将扈三娘赏给王英为妻，尽管一朵鲜花插在牛粪上，扈三娘纵有一百个不愿意，也没有办法，因为，古代军旅中的婚姻多带有强制性，这比社会上的父母之命、媒妁之言要更露骨得多。

王英娶扈三娘虽说是小说家的虚构，但这毕竟来源于古代军旅婚姻生活的提炼，是当时军旅生活在文学中的反映。从历史上来看，在职业兵出现以前，军人的婚姻生活与军旅文化关系并不太大。因为，先秦的民军、秦汉的征兵和隋唐的府兵，实际上都不是由国家出钱养的，而是在需要时临时调集的。他们平时在家生产，需要集中训练或征战时，才过着军营的生活。这样，他们的婚姻与社会其他成员大体一样，但有些特殊身份的士兵就不同了。例

古人成亲用的花轿

日。抢掠的对象除了财物之外，主要就是妇女。正史列女传中有相当一部分人是由于反抗这种婚姻而出名的。如《宋史·列女传》中的赵氏，就是反抗虎翼军叛卒王则的霸占，在成亲的当天自缢于花轿之内。因这类悲剧录入《列女传》的，当然只是少数，更多的妇女是屈从于对方的胁迫而草草成亲。

被赐给士卒为妻的妇女，有时并不一定就是敌方境内的战俘，为稳定军心，将一般平民家的妇女强行娶到军队中给士兵成亲之事也是有的。《资治通鉴》记载了一件大规模赐婚的事例。这是在隋炀帝大业十三年（617年），炀帝在江都（今江苏扬州）时，随行士兵大量逃亡，于是，根据大臣裴矩的建议，下令江都境内的寡妇、处女都到宫前集合，让将士们随意挑选，若是先有私情的，许其自首，立即准予结为夫妇。朝廷希望以此来安定军士之心。李肇的《唐国史补》还记载了在军中赐钱治婚的事例。韦皋治蜀时，军士将吏成婚嫁娶，各给钱一万予以置办，另外还给男方熟丝织成的彩衣、女方银泥衣各一件。薛兼训担任江东节制，有感于越人不善纺织，于是鼓励军中无妻室的年轻人到北方去娶亲，可以多给财物置办婚礼，但所娶之妻必须善纺能织。在这一政策的鼓励下，每年都有数百名巧妇南嫁江东，使东南风俗大变，"绫纱妙称江左矣"。这种给军士赐钱置婚的形式，虽然难逃"赐"的印痕，但比起赤裸裸地强制赐婚，多少要带一些人情味儿了。

如果将士立了战功，赐予妻妾就更是一件颇为荣耀的事了。据《宋史·王景传》记载，王景出身于卒伍，早年风流倜傥，善骑射，不事生业，又爱交结乡里的恶少，为群盗。五代时，他投奔后晋，立有战功，被石敬瑭所赏识。史书记载说："晋祖（石敬瑭）待之厚，赏赐万计，尝问（王）景所欲，对曰：'臣自归国受恩隆厚，诚无所欲。'固问之，景稽颡再拜曰：'臣昔为卒，尝负胡床从队长出入，屡过官妓侯小师家，意甚慕之。今妻被诛，诚得小师为妻足矣。'晋祖大笑，即以小师赐景。景甚宠嬖。之后累封楚国夫人。侯氏尝盗景金数百两，私遗旧人，景知而不责。"王景得了侯小师固然快乐，但侯小师未必钟情于他，仍旧和原来的相好勾搭。这种通过军事手段强制的婚配，受害者主要是各阶层的妇女，对军旅中的士卒来说，也未尝都有幸福可言。

当然，军旅中也有两厢情愿、情投意合的婚姻。宋代名将韩世忠、梁红玉夫妇与金兀术激战黄天荡成为军事史上的一段佳话。梁夫人本来是京口

（今镇江）的一个妓女。据说她有一次在某月初一五更天入官府去伺候贺朔礼时，忽然看见廊柱下蹲卧着一只老虎，鼾声呼呼大作，把她吓得半死。后来仔细一看，原来不是老虎，而是一个值勤的大兵蹲坐在那儿睡觉。于是，梁红玉赶紧踢醒他，叫他快立起来站岗。见到这人勇武的相貌，她不禁有了爱慕之心，问他的姓名，原来叫韩世忠。梁红玉回去后就告诉鸨母，要和韩世忠结为夫妇。在黄天荡战役中，梁红玉曾亲自擂鼓助阵，战后还上疏朝廷，揭发韩世忠贻误战机，致使金兀术脱逃，请求对他进行处分，有情有义，甚为难得。在平时，韩世忠爱兵如子，训练或屯垦种地都身体力行，和士兵同甘共苦，而梁夫人则亲自动手编织苇箔建房屋，夫唱妇随，令世人敬重和钦佩。不过，在古代军旅中，这种比较圆满的婚姻还比较少见。高级将领大多三妻四妾，而对士卒来说，自然是非分之想。像韩世忠这样由一介大兵而成为将军，既不弃糟糠，且能互相提携，亦堪为古代军旅婚姻的典范了。

知识链接

失期当斩

古代军队中违反禁令的刑罚最重的便是斩首，这也是使用得最多的一种刑罚。按罪名，秦代规定，凡服徭役未按照官府规定的时间如期报到的，称做"失期"，失期者要受到惩罚。一般的徭役失期三到五天，要受到斥责，失期六到十天要罚交一盾；超过十天，要罚交一甲（罚"一甲"、"一盾"，是指罚缴等值于"一甲"或"一盾"的钱或物）。而对谪戍或战事失期者，处罚就很严厉了。秦二世元年（公元前209年）七月，陈胜、吴广被征发前往渔阳，走到大泽乡集中时，碰上天下大雨，道路不通，料想必定"失期"，即不能按时到达，"失期，法皆斩"——这是司马迁《史记·陈涉世家》的记载。如果说这是属于较为严酷的秦法，那么较为宽松的汉代法律对于军事行动的"失期"罪，处分仍然很严厉。据《汉书》记载，

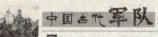

著名的旅行家、沟通西域的张骞就差一点因此罪名而被杀。当时，他任卫尉，同"飞将军"李广一同出击匈奴，但是张骞在这次军事行动中没有及时行动，按法律"后期当斩"，但后来通过赎罪的形式，被废为庶人。

第三节
军队的服饰

先秦时期军队的服饰

中华民族的祖先在漫长岁月的进化过程中，通过与自然界的斗争，逐步学会和掌握了最原始的生产方式和生存技能，其中包括缝制衣服。1927 年在北京周口店山顶洞古人类遗址中发掘出一枚骨针，据此推断，山顶洞人在 1.8 万年前就已经开始用兽皮缝衣服了。至于用皮革做甲衣来保护身体，《史记·夏本纪》曰："少康崩，子帝予立"。《索隐》注曰："作甲者也"（《夏本纪》）。予即杼。杼是夏代（公元前 21 世纪～约前 16 世纪）第七代君，甲似乎在夏前期就已经有了。而《管子·地数篇》则说甲是蚩尤发明的，并"受庐山之金，而作五兵"（《史记·五帝本纪》集解注），同时又是青铜冶炼的发明者。这种说法把甲和青铜兵器的出现，又推前了几千年。究竟哪种说法比较可靠，现在尚无法确证。原始社会晚期以来，随着氏族部落的不断兼并，战争越来越频繁，规模也越来越大。

商代的卜辞曾记载一次出兵的人数可达 3000—5000 人，多时曾到 1.3 万人，并"王作三师（师，商朝军队的基本单位），右、中、左"。《史记·周本纪》中记载，到武王伐纣时，"帝纣闻武王来，亦发兵七十万人拒武王"（70 万人，现代学者认为是 17 万之误）。规模如此庞大的军队，又是几支部队配合行动，如果没有统一的服装，指挥起来必定十分困难。

再从商朝军队的组织成分上看，也能发现戎服存在的可能性。

商军的主干是由贵族王室的全体成员组成，贵族包括商王族的本族成员与低于王族的子族阶层成员，师中的士卒则由居住在商都及周围地区的自由民担任。自由民是商军的基本来源，奴隶也有从军的，但只能服杂役，不能编进师中。

根据这种情况，徒兵和杂役没有戎服是完全有可能的，但作为师的这部分军人，特别是王族成员，必定有较统一的"兵事之服"。

我们现在虽然不能知道商代戎服的形制，可有一点能基本确定，即这种戎服必定是上衣下裳制。

上古之人为了遮羞蔽体，先在下体前后围以毛皮，是谓"蔽前蔽后"，后又把整张毛皮中间开孔，套入头巾做成上衣。

骨针发明后，开始用它把蔽前蔽后两片连缀缝合起来，形成下裳。裳就

古代士兵雕塑

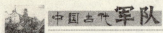
是现在的裙子，这种衣裳据说到黄帝时"始去皮服布"（《魏台访议》），并"垂衣裳而天下治"（《易经·系辞下》），成为古代服饰的最早形制。

我们的祖先，没有修剪头发的习惯，认为发肤是受之父母，与生俱来，神圣不可侵犯。所以从很早的时候起，无论男女都要辫发，发辫梳好后，还要用簪笄把它盘起来，从而逐渐形成了各种首饰、冠饰。

鞋在古时候称做"舄"、"履"。《古今注·舆服》把舄解释为："舄，以木置履下，乾腊不畏泥湿也。"舄在3000多年前的人类生活中，是一件奢侈品，只有贵族奴隶主才能享用，一般平民和奴隶，蔽体之衣尚不能具备，怎能顾得上脚下？军队中的贵族武士足下穿舄是完全可能的。

商代崇尚白色。《通典·历代所尚》说："殷人尚白……大事敛用日中……戎事乘翰（白马），牲用白，以白为徽号。朝燕服缟冠而缟衣……"

既然军队的主力都是贵族子弟，而商王、贵族的服饰以白为主，那么戎服很可能也采用白色。白色中肯定也要掺入一些诸如红、黄、黑等其他的配色，既作为服饰图案、镶边的色彩，又能使各师之间的服色有所区别。西周时期铠甲已逐渐向金属材料发展，但这时期皮革仍然是制甲的主要材料。《周礼·函人》上说："函人为甲，犀甲七属，兕甲六属，合甲五属。犀甲寿百年，兕甲寿二百年，合甲寿二三百年。"即明白无误地说明了这一点。

犀、兕都是古代犀牛一类的动物，其皮质坚厚，是制甲的理想材料。合甲即是先剔除皮革内层肉质，再把两层经过处理的皮革合在一起制成甲，所以不易腐败，使用寿命较长。《周礼·春官·司服》详细记载了周天子、诸侯的各种冕服，其中的"韦弁服"是为"兵事之服"。

西周军队中还没有专职武官，天子及诸侯就是军队的统帅，他们出征所穿的韦弁服，应就是专用的戎服。至于这种戎服是什么形制，根据《新定三礼图》等古籍中的插图和春秋战国时期青铜器上的刻纹形象，无疑还是上衣下裳制。

春秋之前，战争的形式主要是车战，军队的主力和统帅都乘在战车上作战，士兵则跟随在车后。这种作战方法，与上衣下裳制的戎服不会产生矛盾。

帅与兵的戎服区别可能只在于兵的裳要比帅的短些，以便于奔跑；衣裳简陋些，衣料粗陋些。

冠饰方面主要是弁，弁有爵弁、韦弁两种。爵弁为文冠，韦弁为武冠，所以又称"武弁"。一般都用皮革制成。

关于先秦时期的甲胄制作，古代文献中常有记载，前文已引《周礼》说的"犀甲七属，兕甲六属，合甲五属"。"属"，在这里是指甲衣上下甲札的缕数，按今天通俗的说法即排数。而"甲札"，因甲片较长近似秦汉之前的竹、木牍片的书札，所以得名。合甲比其他甲坚硬，因此只要五属就可以了。

春秋战国时期除大量使用皮甲胄外，也使用青铜铠甲。中国古代冶铁技术发达，春秋初期已掌握人工冶铁的技术，春秋晚期又发明了生铁冶炼技术。这项技术的掌握，使用铁铸造兵器铠甲成为现实。战国后期，出现了铁制铠甲。不过当时使用的还只是陨铁，陨铁来自太空落下的陨星，而不是人工冶炼的铁。

很多文字资料表明，春秋战国时期（或许还要上溯到西周后期）的戎服开始采用深衣。

深衣是一种上衣与下裳连成一体的衣服。有些像今天女士的连衣裙。开始时只是诸侯、士大夫平时闲居之服，后来逐渐取代上衣下裳成为正式服装。深衣根据衣裾绕襟与否可分为直裾和曲裾。战国末年，发生了历史上有名的赵武灵王"胡服骑射"的变服事件。

所谓胡服，蒙古诺音乌拉匈奴墓中曾有衣、袴、靴、袜的实物出土，衣是小袖直襟短袍，袴的形制与今天的运动裤较接近，靴为短勒。

变服中最重要的一项是在裤，另一项是去履、舄而服靴。

上衣仍保持原来深衣的特点，仅去掉下裳十二幅使其变短，长如今天的短大衣。而裤，虽然在华夏服饰中早就存在，但一直是作为内衣，不能穿在外面的。因为当时的裤都是开裆裤，不能起遮羞的作用，所以裤外一定要系裳或穿深衣。把深衣改短后，裤就直接穿在外面了，这不能不说是一项大的变革，当然这时的裤已变成"穷袴"，即满裆了。

变服中还有一项是去履、舄而服靴。《释名·释衣服》说："靴，跨也，两足各以一跨骑也，本胡服，赵武灵王服之。"

1974 年，在沈阳郑家洼子战国时代墓内，发现在人的胫、足骨上排列有大小铜泡 180 枚，出土时泡下骨上有黑色有机腐殖物附着，据分析，死者葬时穿着一双钉满铜泡的长统皮靴。从墓中随葬的兵器马具来分析，死者生前可能是个武士。这个考古发现说明当时北方的军人已开始穿靴，但中原地区

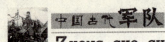
广泛使用靴要到魏晋以后才开始。

冠饰方面，这时出现了惠文冠，相传亦为赵武灵王所创。惠文冠其形如帽有双耳，用细如蝉翼的丝织材料制成，额前有金珰之饰和貂皮暖额，用以表明尊贵的身份。

这种冠一开始并不是专门的武冠，秦汉以后才逐渐成为戎服的一种重要冠饰，并为以后历代不断使用。

腰带是服饰的重要配饰，与裤一样，在华夏服饰中也早就存在，如帝王冕服中就有大带、革带一项。不过西周之前的腰带都是用帛或在皮革外包裹帛制成，系束也用帛带为之。以后发明了带钩，不仅用带钩勾连，而且还可以系挂装矢的矢菔（箭筒），用途很多。

春秋战国时期，虽然各诸侯国表面上仍尊周王为天子，但实际上都各自独立，阳奉阴违，周天子的权力日趋衰微，自然也不能管束各诸侯国的胡作非为。

因此，春秋战国的戎服色彩比较混乱，几乎各诸侯国都自有所好，如赵国的王宫卫士都服黑衣，而《吴越春秋》卷五说："夫差临晋与定公争长，吴师皆文犀长臂扁诸之剑，方阵而行，中校之军，皆白裳白髦，素甲，素羽之缯，望之如荼；……左军皆赤裳赤髦，丹甲，朱羽之缯（矢），望之若火；右军皆玄裳玄舆，黑甲，乌羽之缯，望之如墨"。因此，这一时期的戎服色彩基本上不存在统一的主色。

秦汉时期的服饰

秦代的军戎服饰是至今资料最全面、最准确、最详细的朝代，这要归功于秦始皇陵兵马俑的发现。从目前在陕西临潼一、二、三号坑内发掘出土的陶俑陶马来看，这些兵马俑的雕塑手法都极为写实，不仅人物的神态表情栩栩如生，而且服饰、鞍鞯配件等每个细节都很逼真、准确，从而为研究工作提供了极大的方便。

已出土的兵俑分为将军俑、军吏俑、骑士俑、射手俑、步兵俑和驭手俑几类，他们的铠甲、服饰装束表现出森严的等级制度。

秦代的戎服，上自将军下至士卒形制全都相同：一律上穿深衣，下穿小

秦朝兵马俑

口裤，士卒腿上裹有行缠，足穿靴或履。深衣的形制与洛阳金村的银人像完全一致，从厚厚翻卷起的衣领、袖口和袍服折褶都很圆润的形象来看，穿的似乎都是有絮夹袍，这种夹袍很有可能是絮衣。明代时有一种绵甲，面、里间塞以经过加工的棉絮，做成甲衣后能抵御流矢。絮衣是否与绵甲一样同属软甲，现在尚无文字可考。兵俑的首饰大致分为四类：帻、冠、帽、发髻。

　　秦代之前各朝对于服饰和旌旗的尚色，被战国时期兴起的阴阳家所利用。他们根据道教有关五行相生相克的理论，把这些尚色与金、木、水、火、土联系起来，解释演绎成朝代兴亡的原因。他们认为：夏尚青属木德，殷尚白属金德，金克木，所以殷取代了夏；而周尚赤属火德，火克金，因此周灭掉了商；秦始皇做了皇帝，他十分迷信这一套，觉得自己取代了周一定属水德，所以秦尚黑。但秦始皇兵马俑所反映出的情况并非如此，当时戎服的实际色彩还是很丰富的。

　　所有的兵马俑在当初都经彩绘，这从出土时残留、黏附在俑和泥土上的颜色就可以知道。其中袍服主要有紫、粉紫、朱红、粉红、绿、粉绿、蓝、粉蓝、黑等色；铠甲主要是赭色，上面的编缀绳带和包边有白、中黄、橘黄、朱红等色。一型、二型铠甲的领口、胸前和背后的束带还绘有几何花纹图案。靴履则有赭黑、赭色、橘红色几种。

前汉，即西汉的军戎服饰从目前掌握的资料来看基本上沿袭秦制。由于汉代的丧葬制度把兵器铠甲作为随葬品，所以从被发掘的汉墓中获得了大量出土实物，使汉代成了我们目前在这方面掌握实物资料最多的一个朝代。铁兵器经过战国后期和秦代的发展，到西汉时已占主要地位，后来出土的西汉铠甲全部是铁甲，而且都是锻铁制成的。

西汉的这种铁甲，当时称为"玄甲"，古时称黑色为"玄"。其被称做玄甲有两种可能性：一是指铁甲上涂的黑漆，一是指铁的颜色本来就是黑色。

很多史籍和汉魏时期的文学作品都曾提到。如《史记·卫将军骠骑列传》说霍去病"元狩六年而卒，天子悼之，发属国玄甲军，陈自长安自茂陵"，曹丕的《广陵作》中，也有"霜矛成山林，玄甲曜日光"的诗句。

汉代的戎服在整体上有很多方面与秦代相似，军队中不分尊卑都上穿禅衣，下穿裤。

禅衣为深衣制，禅即单，一般是夏衣，质料为布帛或为薄丝绸。《释名疏证补·释衣服》曰："禅衣言无里也。"其形制为有曲裾垂在身后，把整幅布帛对角裁开，分别垂挂衣服后摆两边，狭长的一头若燕尾状。

禅衣中直裾者称做"襜褕"，《释名疏证补·释衣服》曰"言其襜褕弘裕也。"形容这种袍服很宽松、飘逸。汉代崇尚儒学，不但文人学士，连武士也峨冠博带附庸风雅。汉代的壁画、俑和画像石上经常可以看到武士、武吏和

禅衣

侍卫身穿长及脚背的襜褕。戎服的裤称做"袑"，因裤腿很大，故曰"大袑"。颜师古注："袑，音绍，谓大袴也。"有时也直称裤，如《汉官仪》上提到的"虎纹锦裤"，军旅中士卒为便利行动，袑外一般都要裹行缠，即绑腿布。众多的形象资料表明，汉代军人的冠饰基本上是平巾帻外罩武冠。

并于帻，《晋书·舆服志》记述很清楚："帻者，古贱人不冠者之服出。汉元帝额有壮发，始引帻服之。王莽顶秃，又加其屋也。"东汉时期，武吏还有在平巾帻外加纱冠的习惯。

至于武冠，《后汉书·舆服志》载："武冠，一曰武弁大冠，诸武官冠之。"《晋书·舆服志》记述更详："武冠，一名武弁，一名大冠，一名繁冠，一名建冠，一名笼冠，即古之惠文冠，或曰赵惠文王所造，因以为名。亦云惠者蟪也，其冠文轻细如蝉翼，故名惠文……天子元服亦先加大冠，左右侍臣及诸将军武官通服之。"这种冠在汉代可能有大小两种，并用多种材料做成体积比较小的一种用毡或皮革制成，多于军中使用。

体积比较大的一种用漆纱制作，用于侍卫仪仗和宫廷礼服。漆纱和毡制的武冠都有实物出土，在新疆发现的毡冠上还留有插羽饰的铜管和残羽毛。

由此引出了鹖冠的问题。汉代以降，武冠使用面很广。为了区别武官与侍臣的身份，武官戴武冠时要插鹖尾，因此得名。《通志略·器服略》在"赵惠文冠"条下说得直接明了："又加双鹖尾植左右，名鹖冠。"很清楚地表明鹖冠是武冠的又一种称呼。汉代戎服外一般束两条腰带，一条为皮制，一条为绢制，以带钩系结。从徐州北洞山侍卫俑上来看，皮带用于束衣，绢带则用于佩剑。

汉代时武士还使用帔风，古时简称"帔"。《说文》曰："帔，披也，披之肩背不及下也，盖古名裙，弘农方言曰帔。"1992年，在云南江川李家山汉墓中出土一座精美绝伦的鼓座铜俑，身上的服饰和衣服上的绣纹图案刻勒得十分清晰，肩上披了一件帔风，帔风的下缘束入腰带内，特征与《说文》所说十分相符。这是目前最早的帔风形象资料，虽然属于少数民族服饰，其蛇纹具有明显的滇池文化特征，但无疑属中国古代服饰。从形制上看，这种帔风已与后来在欧洲出现的披风、斗篷非常接近了。

武士脚上主要穿靴、履，以履为主。有圆头平底、月牙形头等样式，多以麻布或麻编织而成。麻履、麻鞋都有实物出土，靴为圆头高勒靴。

汉代戎服的颜色，主要为红色。《汉官解诂》说："旧时以八月，都试讲习其射力，以备不虞。皆绛衣戎服，示扬武威。"西汉的禁军"缇骑"是一支装备华丽精良的骑兵队伍，其名称中的"缇"，指的就是服饰的颜色。《说文解字注》的注解是："绛，大赤也，今俗称谓大红也；缇，丹黄色也。"由此可见，绛、缇都属于红色系。杨家湾兵马俑和汉墓壁画中武士服饰的彩绘颜色与上述注解基本相符。

汉代服饰的主色，若按五行说应该是土克水，为黄色。但汉高祖在起兵造反时，为了笼络人心，曾利用酒后斩蛇的事，编造了一个赤帝子斩白帝子的神话，使人相信他是赤龙下凡，未来的真命天子（见《史记·高祖本纪》）。所以西汉初的尚色违反了五行说而采用火德，尚赤色。汉文帝时对这个问题曾重新讨论过，并一度准备改色，武帝即位后重申了赤帝斩蛇之符，应为火德，此后至东汉，服饰、旗帜一直以红色为主。

汉代是武官制度初步形成的时期。

春秋之前我国原没有专职的武官，军队由天子和诸侯统领。春秋以后，军队规模日益扩大，兵、军种和战略战术也不断复杂，于是出现了一些专门的军事家，形成了实际上的专职武官。秦代东征西讨大量用兵，任用了许多将帅，使武官制度有了一个雏型。到了西汉，从高祖刘邦拜韩信为将时起，西汉的军事已直接由"大将军"负责。到武帝时，更逐渐形成了一整套比较完整的武官制度，武官与士兵的服饰也开始产生比较明显的区别。

杨家湾兵马俑中，有一件身穿鱼鳞甲、头戴帻、脚上穿着一双绣花高统靴的俑就是代表作，它的服饰的各方面与其他步兵、骑兵俑已有比较显著的差别。

区别官兵身份的不仅是服饰，还有军服上的徽识。军服上标出徽识在先秦时代已有制度。汉代的徽识，主要有章、幡和负羽三种。

章的级别较低，为士卒和临时参战的平民佩戴。章上一般要注明佩戴者的身份、姓名和所属部队，以便作战牺牲后识别、收殓。章的形象可参考杨家湾兵俑背后佩戴的长方形物。

幡的等级比章高，为武官所佩戴。幡为肩上佩戴的标志，像燕尾一样。杨家湾兵俑中有一件发髻俑，右肩上斜披着红白两色帛做成的类似披肩的饰物，与上述记载很相似，应就是这种幡。

负羽，军官和士卒大概均可用。负羽屡屡见诸于各种史籍，但如何负法至今尚术获得明确的资料记载。

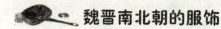 ## 魏晋南北朝的服饰

这一时期的频繁激烈的战争，虽然促进了军事科学中的战略、战术等的发展，但却给社会经济生产造成了极其巨大的破坏，因此在武器装备方面，与汉代相比并没有明显的进步。

魏晋时期的铠甲，虽然从形象资料上仅见筩袖铠一种，但从文字资料所反映的情况来看，却并非如此。曹植在《先帝赐臣铠表》中，就列举了黑光甲、明光甲、两当铠、环锁铠、马铠等五种。

黑光甲和明光甲可能是同一种甲，只是在表面防锈技术处理上有所不同。这两种甲和两当铠后来取代筩袖铠，成为南北朝时期使用的主要铠甲。环锁铠即明清时期的锁子铠（参见明、清部分），在当时是极为珍贵的铠甲。马铠是保护战马用的。马甲的使用在汉末已较普遍，曹操的《军策令》里就曾提到："本初马铠三百具，吾不能十具。"三百之数与南北朝时期的铠马万群相比，虽为区区小数，但在当时也就十分可观了。

魏晋时期的戎服主要是袍和裤褶服。袍长及膝下，宽袖。褶短至两胯，紧身小袖，袍、褶一般都是交直领，右衽，但也有盘圆领。裤则为大口裤，东晋的与西晋的相比较裤脚更大，很像今天的女裙裤。因此，《晋书·五行志》上说："武帝泰始初，衣服上俭下丰，着衣者皆厌。"

魏晋时期由于马具的不断完善，出现了活舌带扣，它广泛用于生活的各个方面，并很快取代了使用达 2500 多年之久的带钩和后来的死舌带扣。同时，受少数民族的影响，还开始在革带表面钉缀饰件。这种饰件称"銙"，可以用金、银、铜、玉等多种材料制成。銙下附有马蹄形环，用于佩挂武器和其他物品。

东汉后期，中原地区使用了数千年的璏式佩剑法，由于带扣的运用而改变为悬挂式，这种悬挂式又经过南北朝时期的改进，一直使用到今天。

自汉代打破了五行定色法以后，后继的朝代便无法严格按照相生相克的理论来制定服色，只能采用刘邦的办法，利用一些所谓吉兆瑞符，来牵强附会地解释、决定应属何德。据《通志略·礼略》记载，魏尚土德，服尚黄；而晋尚金德，服色尚白。由于魏晋时期各种形象资料较少，事实究竟如何，

汉代骑兵俑

目前尚难以断定；但从已掌握的部分材料来看，基本还是与文字记载相符合的。

南北朝时期，北朝与南朝之间经常发生残杀和兼并战争，开国帝王无一不是手握重兵的将帅，因此往往采用极其残暴的手段，来促进和提高武器军备的生产，从而使武器装备生产在这一时期内发展到了一个全新的阶段。

铠甲方面，这一时期不但种类多样，而且质量和制造技术也很高，其中最有代表性的铠甲是两当铠，此外还有明光甲和黑光甲。

两当铠，《释名·释衣服》曰："两当，其一当胸，其一当背也。"两当铠长至膝上，腰部以上是胸背甲，有的用小甲片编缀而成，有的用整块大甲片。大甲片的多为皮甲，前后两片甲在肩部，左右两侧不相连接，背甲上缘钉有两根皮带，穿过胸甲上的带扣系束后披挂于肩。辽宁北票喇嘛洞出土的东晋时期的铠甲就是这样。胸甲上缘左右两角微出，宽度超过胸宽，这是为了扩大胸部的保护面积，背甲上缘中间突凸形成一个三角形，用于保护项部。腰部以下是用皮革制成的筒形短裙以代替腿裙，一般没有披膊。

两当铠是新一代铠甲，自两当铠开始，出现了一系列新式铠甲。大批南北朝时期的墓中出土的武士俑，都穿一种胸前背后有两面圆护的铠甲，这是明光甲。

明光甲是一种比较精良、贵重的铠甲，不仅有披膊、腿裙，还有由原来的盆领变化而来的护项，防护面积明显比其他各种甲都大。除了胸背甲是整块的甲片外，其余都用小甲片编缀而成。

从魏晋时期起，铠甲已大都使用钢铁制造，但铁甲易锈蚀。为解决这个问题，制铠匠在实践过程中发现，钢铁防锈，除了髹漆还可以水磨，水磨以后不仅不容易生锈，而且还能产生明亮的反光，特别是在阳光下，使对方因目眩而影响视觉，从而给披甲者创造有利的攻击机会，于是，他们别出心裁地在胸背甲上特地安上两个凸出的圆镜。

汉代的铜镜背面，常铸有"见口之光，天下大明"的铭文，取明与光之意，明光甲之名可能即由此而来。穿这种铠甲的俑一般比同墓中其他俑都要高大，从这一点来分析，当时能配备明光甲的可能都是官品较高、兵种重要的武官将校。

箭袖铠

南北朝后期，明光甲开始用束甲绊束甲，以使铠甲较贴身，便于行动。束甲绊的材料可能是皮条、丝线或绢帛。束甲时将甲绊套于领间，在领口处打结后向下纵束，至腹前再打结，分成两头围裹腰部后系束在背后。这种束甲方法一直沿用到唐末。

黑光甲与明光甲同见于东汉末曹植的《先帝赐臣铠表》，两种甲可能是相同类型，区别在于前者胸背甲上没有圆护，甲面用黑漆漆髹，犹如汉代时的玄甲。

除了以上几种具有代表性的铠甲以外，魏晋时期的箭袖铠也仍在继续使用，从一件制作比较粗劣的北魏俑上，可依稀分辨出仍保持着的原来形制。

保护头部的有兜鍪、胄、盔等。

兜鍪仍像魏晋时那样，顶部是一个半球形的胄顶，兜体用小甲片或几块大甲片拼制而成，但顿项，即兜鍪两侧和脑后下垂的、用于保护面颊与后脑

兜鍪

的装置，明显加长，有的包裹整个项部，眉心间还有伸出的三角形护甲。胄则用生铁整体铸成，胄顶的短管是插羽毛缨饰的盔的形制很有特点，一般以盔架铆上甲片制成，前额有突出的冲角。这种盔有时可能也用铁架、皮革甲片铆合制成，在革制顿项的两耳处，有时为了便于耳朵听音还钉有圆形甲泡，甲泡上可能还开孔。南北朝时期的铠甲虽然大量使用铁制，但也仍用皮革，或者两种材料结合使用其制作技术也有新的改进。

南北朝时期，很多帝王都是胡人、羯人，其车队也以胡人为主，随着他们的势力向中原地区扩展，很多胡人的服饰文化也被带了进来。因此，南北朝时期的戎服很具特色，不仅样式多，融合了多民族的服饰，而且因武官制度进一步完善，官兵在服饰上有了更明显的区别。当时有很多戎服的式样对后世产生了深远的影响，其中以两当衫最为突出。

两当衫，长至膝上，直领宽袖，左、右衽都有，原来可能是作为两当铠的一种内衬戎服，军官和士兵都可服用。后来，武官在两当衫外披上与两当铠形制完全相同的布质或革质两当甲，作为武官的公事制服，一直使用到唐代中期。

北朝墓中出土的武士俑，披帔风、戴风帽的很多，反映出当时这类服饰使用很普遍，这可能与北方的气候比较寒冷有关。南北朝时期的帔风与汉代不同，它的形制像一件大衣，有领和袖，但穿时一般袖都空悬，并不套入。衣领在颌下交叉，用带或扣系结，长及小腿中部。

戎服裤基本沿袭东晋样式，一般部是大口裤，裤脚在膝下用带扎住，称为"缚裤"，有时也用行缠。除大口裤之外，还有直统裤。河北磁县茹茹公主墓壁画上的仪卫武士均着直统裤，脚上穿圆头皮靴或尖头履，以穿靴为多。

根据史书记载，南北朝中，北齐、陈尚木德，色以青为主；梁属火德，以红色为尚；南朝宋、西魏、北周用水德，色尚黑；北魏为土德，色尚黄。但从大量出土的彩绘俑身上可以看出，戎服的色彩以红、白色为主，一般是朱衣白裤，有时是白衣白裤，只在衣服的镶边、铠甲外缘的包边上采用其他颜色。这种现象反映了汉代以后，军戎服饰的颜色更多地注重明亮、鲜丽；而大量使用红白等色，则与南北朝时期佛教、儒教的影响逐渐增大有关。儒教认为红、白、黑、蓝、黄是正色，其余由两种以上色相调配成的颜色是间色；凡是在正式场合使用的重要服饰，都应该用正色。孔子对于官服的紫色品级居于红色之上，就表示了极大的不满。《论语·阳货》"恶紫之夺朱也"，认为紫色是间色，决不能以此来压正色。

戎服用红白等色，一方面，可能也含有其军队是正大、堂皇之师的意思；另一方面，红色能给人一种威烈、令人振奋的视觉效果；而白色却具有肃杀、不可侵犯之意，用于军队也能起到一种威慑的作用。

隋唐时期的服饰

隋朝是中国历史上继秦代之后又一个短命的封建皇朝。由于建国时间短，在没有完成各种政治经济变革之前就已被推翻。因此，很多方面还基本沿袭着南北朝的旧制，军戎服饰也是如此。

铠甲使用最普遍的仍是两当铠和明光甲。

两当铠的结构有所进步，形制也有一些小的变化。一般身甲全部用鱼鳞等形状的小甲片编制，长度已延伸至腹部，取代了原来的皮质甲裙。身甲的下垂缘为半圆形，其下还缀有似用皮革制的弯月形、荷叶形甲片，用以保护小腹。这些改进使腰部以下的防护大大增强。

明光甲的形制基本上与南北朝时期相同，只是腿裙变得更长。安徽合肥出土的两件陶俑的铠甲腿裙长至脚背，而且垂于正面，穿有这种腿裙的铠甲当不便乘骑而只能步战。

步兵的甲胄装备已如此精良，骑兵当然更加坚固，湖北武汉出土的一件瓷武士俑身披的明光甲与兜鍪、顿项连成一体，就像现代的潜水服，其防护之严可见一斑。

隋代初期的戎服基本上保持了南北朝的风貌，从各种形象资料上看不出有比较明显的改变，其基本形制是裤褶服。

武官的服饰，据《隋书·炀帝纪》记载，武官戴平巾帻，穿裤褶。

武官的两当甲制裤褶服又名常服、从省服，为武官日常办公、上朝议事时的服饰。宫廷的侍卫、侍从也穿这种服饰，有时候，两当衫外也可以不披两当铠，这种穿法在南北朝的陈朝是正职武官的服饰，隋代如何，尚未发现有明确的文字记载。中、高级武官除了常服外，还有专门的朝服，隋代朝服的形象资料，目前还未具体掌握，只能参考唐代的有关资料。军队的士兵和下级校尉的服饰，仍然是南北朝时期的襦袍和短袖襦。此外还有帔风，帔风除了衣领已变成单领外，其余各部分形制都没有变化，襦袍和短袖襦亦如此。当然，也有一些新的戎服服饰出现。

古代骑兵雕塑

军人穿戎服时，一般都穿乌皮六合靴。乌皮者，染黑的皮革也，六合可能是指由六块皮缝合而成。1983 年在河南安阳隋墓中曾出土一双陶瓷的靴，很可能就是这种靴。

隋代戎服的颜色，《隋书·礼仪志》载：至六年后，诏从驾涉远者，文武官等皆戎衣。贵贱异等，杂用五色。五品以上，通着紫袍，六品以下，兼用绯绿，胥吏以青，庶人以白，屠商以皂，士卒以黄（与帝王的服饰黄色有明显下同）。由此可见，戎服的袍、衫当以紫、绯、绿、青为主要颜色，而配之以浅红、浅绿、浅青、深绿、深青等颜色形成上下九品之制。两当铠则有金装、银装、金玼瑁装几种，大口裤一股以白色为主，折上巾、靴、履一般为黑色，铠甲的色彩从残留在陶俑上的彩绘颜色分辨，则以朱、白、黑等包为主，当然也包括两当铠的几种色彩。

唐朝是我国封建社会的鼎盛时期。它的政治、经济和文化艺术都对历史发展具有深远的影响。史学界根据唐皇朝由盛至衰的转变过程，习惯上把它分为初、中、晚三个时期。这三个时期在各个方面都有较鲜明的特征，军戎服饰也是如此。

初唐的铠甲和戎服基本保持着南北朝以来至隋代形成的式样和形制；武

矛戟

德中期、贞观以后，在进行了一系列服饰制度改革的基础上，渐渐地形成了具有唐代风格的军戎服饰；高宗、则天两朝，国力鼎盛，天下承平，上层集团奢侈之风日甚一日，戎服和铠甲的绝大部分脱离了实用的功能，演变成美观豪华、以装饰为主的仪典服饰。

"安史之乱"后，重又恢复到金戈铁马时代的那种利于作战的实用状态，特别是铠甲，晚唐时已形成基本固定的形制，在此后相当长的一段时间内，一直没有出现较大的变化。

唐代的铠甲，据《唐六典》记载，有明光、光要、细鳞、山纹、乌锤、白布、皂绢、布背、步兵、皮甲、木甲、锁子、马甲等多种。其中明光、光要、细鳞、山纹、乌锤、锁子是铁甲，后三种是以铠甲甲片的式样来命名的。白布、皂绢、布背、皮甲、木甲，则各以制造材料命名。

在铁甲中，仍以明光甲使用最普遍。

唐代初期，明光甲的形制除护项外，结构和外形与隋代基本相同，没有明显的区别。

进入永徽（650～655年）以后，铠甲肩部出现了有虎头、龙首造型的护肩，披膊有的垫在护肩下，有的为护肩取代。对肩部防护的加强，可能是一种称做"陌刀"的兵器大量使用的缘故。这种出现于唐初的长约3米的砍刀，对肩部的威胁较大，其杀伤力也要比矛戟等穿刺兵器强得多，因此就要进一步加强上半身的防护。臂甲的上部也安装了皮质的像撑开的伞一样的护甲，用于保护肘部。身甲的腹部增加了与胸背甲上同样的圆形护甲腹部使用圆形护甲并不始于唐代。

盛唐后期至唐末，胸腹部的圆护上也出现了各种兽头吞口等雕塑形象，这种改变使圆护甲失去了反光镜的作用。从形象资料上看出，这一时期的大部分铠甲又重新开始全部用小甲片编制，但结构上仍保持了明光甲的形制，用于束甲的绳索或皮条已为皮革所取代，保护下腹的鹘尾也逐渐变得宽大起来。唐代的铠甲中，步兵甲也是比较重要的一种。与明光甲相比，步兵甲的腿裙比较长，且一般不开衩；如果开衩，也要使两片相交合拢处相互重叠，不留空隙。胸前甲片有时仿照明光甲，上缀圆形铁护。

盛唐时期的彩塑、墓中出土的陶俑以及石刻天王、武士造像上，经常出现一些装饰十分繁缛、华美的铠甲，这些铠甲既不是用铁，也不像用皮革制成，实际上就是《唐六典》中说的绢甲。

绢甲是一种仪仗甲，一般不用于实战，只是宫廷侍卫、武士的戎服，它的出现可能是受到武官公服的帛制两当甲的启示。这种甲是用图案华美的绢或织锦作面料，内衬数层厚帛制成。和皮、铁甲一样，绢甲上也镶有皮革、金属制造的饰件、甲片。绢甲的问世，给铠甲的形制也带来了一种全新的式样，这种式样使整件甲衣上下连成一体（在此之前，铠甲的腿裙与身甲不相连属），摊开时就像一块裁剪开的衣片，披挂上身后，从后向前围裹起来，用胸部和腰部上下两重束甲的方法，使甲衣紧紧地包裹在身上。这种式样较之以前的任何式样，在穿着上都更加利索、合理。

唐代的木甲和锁子甲，现在没有形象资料可以参考。木甲的制造很可能仍用战国时期以木为芯，外包皮革的方法。锁子甲在唐代是最精良的铁甲。

据记载，唐代还使用过纸甲。《新唐书·徐商传》："徐商荣纸为铠，劲矢不能洞。"其形制目前同样没有资料可以参考，但据推测，必定是用很多层纸叠粘在一起，做成较大的甲片拼缀而成。纸叠到一定程度，的确具有相当强的抵御能力，但如果做成小甲片，其硬度必然降低且极易损坏，这种纸铠如果遇到火攻或水淹，其后果一定不堪设想。

唐代的戎服在初期也基本沿袭隋制。贞观以后，由于与边疆少数民族和世界各国的交往日益增多，受到外来文化习俗的影响，首先从宫廷、上层社会开始，形成一种"尚胡"的风气。《旧唐书·舆服志》说："太常乐尚胡曲，贵人御馔，尽供胡食，士女皆竟衣胡服，故有范阳羯胡之乱，兆于好尚远矣。"这种风气自然也影响到军戎服饰。

"安史之乱"以后，唐皇朝试图通过实行某些矫枉过正的变革措施来挽救政治上的颓势，重新对服饰等方面的制度做了一些新的规定，明令禁止了一些明显具有外来服饰影响的宫廷礼服，恢复了一部分古典传统服饰，但总体上还是保留了原有的风格特点。

唐代是我国历史上武官制度全面建成的时期，因此，唐代武官的服饰比过去历代更为完备，官服有朝服和常服之分，服用范围是朝廷九品以上的文武官员，朝服为朝会或举行隆重典礼时所穿的礼服。常服为平时及一般礼仪场合穿着的服装。

唐代无论男女尊卑、文臣武将，都好穿长靿短勒乌皮靴，靴头尖而起翘。但武官着朝服、常服时，也穿鞋头饰有云头装饰的乌履或麻鞋。

唐代戎服的色彩，前文已多涉及，一般以黑、红、白、紫为主。

盛唐时期的绢甲则五彩斑斓，色彩鲜艳华丽。武官的常服三品以上服紫，五品以下服绯，六七品服绿，八九品服青，以后因深青色乱紫，改为八九品着碧。

黄色在唐高宗乾封年以前的历朝服饰中，并不是皇帝的专用色，从唐高宗总章元年（668 年）起，才禁止官民一律不许穿黄。

铠甲则以金、银、黑色为主，这可以从很多贴金涂银的彩塑上得到证实。唐代的鎏金、贴金、包金等金属装饰工艺闻名遐迩，这种工艺如用于装饰铠甲应是绰绰有余的。

两宋的服饰

北宋初炼丹家发明的火药，很快被制成火器开始用于战争，虽然这些火器的杀伤力在当时还很有限，但却使军事家们看到了它的发展前景。经过不断改进，南宋时火器威力已有很大提高，这就使人们认识到铠甲在战争中的防御作用已越来越小，尽管以后还使用了数百年，但它已不像从前那样受到重视了。

北宋初年的铠甲，据《宋史·兵志》记载，有金装甲、长短齐头甲、连锁甲、锁子甲、黑漆顺水山字铁甲、明光细网甲等多种铁甲；还有一种以皮革作甲片，上附薄铜或铁片制成的重量较轻的软甲。当时专门从事铠甲制造的东、西两作坊把铠甲制造的过程分成 51 道工序，对铠甲各个部件的甲片叶数，重量都有明确规定，使铠甲生产走向规范化。正因为如此，目前各地发现的宋代文物上的铠甲形制基本上都是一致的。宋朝的军队有禁军和厢军两大部分，禁军是皇家正规军，厢军是地方州县军，这两种军队的戎服具有一

进贤冠

定的差别。

禁军九品以上的将校军官，通常有三种服饰：朝服、公服和时服。

朝服、公服的用途与唐代相同，时服是皇帝每年按照季节不同，赏赐给近侍、文武官员的时令服饰。《宋史·舆服志》载："宋初因五代旧制，每岁诸臣皆赐以时服，遇端午、十月一日，文武群臣将校皆给焉。"赐服通常是朝服、公服中的某几件，如袍、衫、抱月十、勒帛、裤等，一般用有鸟兽纹样的织锦制作，比较考究。

朝服按其性质是法服，不属于戎服范围，但它是九品以上的武官必不可少的服饰，因此必须涉及一二。

宋代武官的朝服、公服与文官相同，这是因为宋代实行的是以文制武的政策，军队的高级指挥官几乎都由文官担任，各州县、地方的厢军指挥权也集中在地方行政长官的手中。所以宋代武官的政治地位较低，反映在服饰上就是武随文服，高级将帅更是如此。从宋初至中期，朝眼在形制上具有如下一些变化。

首先是戴的冠，称为"进贤冠"。朝见皇帝时戴的一种礼帽。原为儒者所戴，唐时百官皆戴用。冠用漆布做成，前额上有冠饰，冠后有一豁口，称做"纳言"。初期的冠饰、纳言都比较大，冠饰几乎覆盖整个正面，以后逐渐变小。

冠的顶上有梁，据《宋史·舆服志》记载，宋初只有二、三、五梁三等，一品、二品五梁冠，三、四、五品三梁冠，六品以下二梁冠。元丰后改为七、六、五、四、三、二梁七等。七梁冠为二品官所戴，一品的冠梁数不再增加，而是在冠上加笼巾。

戴进贤冠时，上用簪穿过发髻固定，簪一般用玳瑁、犀角做成，下用罗缨系于额下，冠体涂以金银。加笼巾的进贤冠又称"貂蝉冠"，冠上除原有的装饰外还加插立笔、附蝉、额花。

袍服则是上身穿绯（红色）衣，右衽立领，宽袖，衣长至膝下，内衬白色衬袍，下穿朱裳，垂至脚背，身后佩有锦绶，它是品官法服上必佩的饰件。

这种绶的佩法前后也有变化，宋初用带横束于腋下，以后则佩于腰带上。朝服的领上还佩有一件饰品，称做"方心曲领"，据记载是从隋代开始使用的，但隋唐五代的形象资料上都没有发现这件饰品。这种曲领是用硬质材料制成，套在领间用于压住衣领不使隆起的。

穿朝服时，脚上则穿舄，形制与隋唐时基本相同。

公服是武官的戎服之一，为交领、盘领袍，大袖，一侧开衩，袍的下缘膝盖下有横襕，袍长至脚背。武官还服用一种一般军校都用的戎服窄袍，窄袍即缺胯袍，小袖，两侧开衩，盘领，其长短时有变化，长的至脚背，短的不过膝，一般则在膝下离地一尺。通常情况下，如在军中，袍服外还束抱肚，这种袍服"便坐视事则服之"（《宋史·舆服志》），为平时使用最多的服饰。裤为小口裤，足穿皮靴或履，靴头圆而平直，大部分不起翘，头上"皆皂纱折上巾"（《宋史·舆服志》）。士兵的戎服也是缺胯袍，袍的形制与武官的窄袍基本相同，两侧衣衩开得很高，有时也将衣袍下摆提起塞入腰带内，穿小口裤，脚上一般都穿履或草鞋，头上也戴幞头。

宋代戎服中也有背子，但形制上已有较大改变。开封朱仙镇岳王庙的岳飞铜像，在窄袍的外面罩了一件短袖、交直领、右衽、两侧开衩的罩袍，这件罩袍应就是宋代的戎服背子，从资料上看有长短两种。宋代的背子除了军人穿以外，帝王显贵、文人学士、男女老少都可服用，是一种流行的服饰。当然，各种身份的人所服用的背子在衣料、装饰、式样上，都各不相同。

宋代的戎服以交领为多，交领很容易因人的活动而拥起，使衣服看上去凌乱，因此需要用布带勒束，这种布带称做"勒帛"。中岳庙、晋祠的铁人、河南方城宋墓的石雕俑和《却坐图》中侍卫的胸前都有勒帛束衣，值得注意的是，中岳庙、晋祠的六件铁人身上的勒帛一律都横过胸背，从腋下反折向上包裹肩部后，有的在后背，有的在胸前打结。这种束法很特别，由于勒帛也是赐服中的一项，所以有可能是"时服"的一种专门束法。勒帛除了勒束衣领外，还用于束腰。束腰时往往在腹前打结后垂下一段作为飘带，元、明两朝这种束法十分流行。

宋代军队的普通士兵作战时只有衣甲而无兜鍪，头上戴的是皮笠子。这

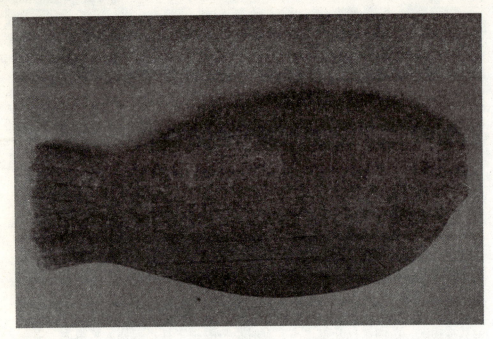

鱼符

种皮笠子一用于挡风避雨,二用于保护头部,其形制在《武经总要》、《武备志》等书中有所描述,与宋人画的唐代名将薛仁贵像头上戴的极为相似。

　　同时唐代的单带扣、单尾带宋代也继续使用,其尾插法也仍用隋制,鞢带则主要是少数民族使用,中原地区汉族已不再流行,但是带銙上用于装鞢的古眼仍一直保留着。

　　带銙除了有古眼的素面带銙以外,大部分表面开始铸刻装饰图案,据《宋史·舆服志》记载:金毯路、荔枝、师蛮、海捷、宝藏、天王、八仙、犀牛、宝瓶、双鹿、行虎、胡荽、凤子、宝相花、戏童、野马等约20种。

　　制作带銙的材料在宋初以犀角为第一等,装饰犀角带銙的腰带称做"通犀带",是不能随便使用的,除非特旨,否则禁止使用。宋太宗即位后认为金最贵重,《清虚杂著·补阙》说:"太宗皇帝常欲自宰臣至侍从官等第赐带。且批旨曰:犀近角,玉近石,惟金百炼不变,真宝也,遂作笏头带以赐辅臣。"用黄金镌刻御仙花(即荔枝)图案的带銙腰带,当时只有三品以上将相才能服用,称做"横金",是一种身份十分显赫的象征。太平兴国七年

（982）又重新做了规定，改玉带为第一等。

宋代使用的腰带，基本都是双尾、双带扣，称做"笏头带"，五代时期的单尾、双带扣带已很少出现。带铐装饰也不同于五代，带面的前后都有带铐，一般正面装饰桃形或梅花形带铐，背后装饰方形带铐，这些带铐都有出土实物、正面装饰小型带铐是便于皮带穿过带扣。腰两侧的尾仍像五代时一样，拖长一小段垂于后背。这种双垂尾比单垂看起来更对称、美观。拖垂的这一段后来如直脚幞头一样越来越长，经过明代的演变，逐渐被引用于戏曲服饰，成为一件很有特色的道具。

宋代也有佩鱼制度。《宋史·舆服志》曰："其制自唐始……因盛以袋，故曰鱼袋。宋因之，其制以金银饰为鱼形，公带而垂于后，以明贵贱，非复如唐之符契也。""凡服紫者，饰以金；服绯者，饰以银……亲王武官、内职将校皆不佩。"这种佩鱼在辽墓中曾有实物出土，宋陵石刻中也有可以参考的形象。

宋代铠甲的颜色，据《宋史·仪卫志》记载，有黄、青、朱、白、黑、金、银等色，至于仪仗用的绢甲，色彩如唐代，可能更加丰富。

将帅的朝、公服，仞期照搬唐代的制度，元丰（1078～1085年）后公服改为四品以上紫色，六品以上绯色，九品以上绿色。时服则是用各种不同的织锦来区分品级的，而且经常有变化。至于普通将士的服饰，因为要区分禁厢两军、各方面军、不同兵种和下级军官的级别，颜色可能很多。除了九品制官服颜色不可直接使用外，其余各色都能使用，而以青、白、朱、黑、黄（淡黄色不能用）为主要色彩。

腰带的带鞓只有饰金、玉带铐时才能用红色，一般都用黑色。当然也有不分级别都可使用的服饰和颜色，如《东京梦华录》中提到的红上团花背子、紫上杂色小花绣衫、锦绣袍肚等。

明清时期的服饰

据《明会典》记载，明代的甲胄绝大多数是用钢铁制造的，技术十分先进，种类有齐腰甲、柳叶甲、长身甲、鱼鳞甲、曳撒甲、圆领甲等。铠甲的各部件都有严格的重量规定，在形制和式样方面也分为前后两个时期。

清代臂甲

众多的资料表明，明初的铠甲基本上是北宋的形制，有些还采用了唐、五代时期的式样。

袍肚的式样则像南宋时期，腹部有兽头护腹甲（护腹甲被两手挡住，只露出双耳），垂于腹下的鹘尾，与抚顺元帅府的相同。从下缘处翻卷的形象来看，有可能是以绢布或薄皮为底，上缀甲片而成，比较轻软。两侧的腿裙十分厚重，腿裙的上下缘处各有一个兽头装饰，中间有皮带相连，皮带的一头装有带扣，这是为了吊挂腿裙而设的装置，在披膊上也有这种连接臂甲与披膊的装置。

臂甲和保护臀部与后腿的上下两片甲，很像是用皮革制成的。细节刻画上不够明确的是胸背甲，在方形甲片的上面还有如意头的卷云纹图案，图案上又钉有甲泡，这或许是雕刻师加上去的装饰。

明代中期火器制造得到进一步发展，欧洲的佛朗机和红夷大炮也相继传入。这些近代兵器的出现，将旧式铠甲无情地淘汰了，代之而起的新式铠甲主要是锁子甲和布面甲，特点是轻便、结构简单而遮盖面大。

锁子甲是以小铁环相互套连编成的铠甲。当时还属于十分贵重的珍稀物品，元代时使用已较普遍。但元代的锁子甲外表缀有铁甲片，可能铁环也比较大。到明代时，锁子甲都用直径1厘米左右的铁圈编连，也不再缀甲片配内衬了，直接套于戎服之外。布面甲是专门用来对付管形火器的，这些软甲在明后期大量使用的事实，实际上宣告了铠甲的历史使命即将结束。

比布面甲更为轻便的是罩甲，罩甲出现于正德年间，也分两种：一种是用甲片编成的，形如对襟短褂，有腿裙而无披膊，有腿裙者一般都为将官服用，士兵则穿无腿裙的短罩甲。

另一种是纯用布为面里，中间不敷甲片的罩甲，开始只有军队使用，到后来王公显贵、市井平民都争相仿效。朝廷只得于正德十六年（1521年）下令禁止军民人等穿紫花罩甲，其余的颜色则听便（当然不包括龙袍的颜色），所以，罩甲后来成为明代百姓的一种时装。

明代后期的铠甲虽然日趋轻便简单，但保护头部的盔却相反变得越来越坚固、考究，这可能是身体轻便灵活，躲避较为方便后，头部常常成为主要攻击目标的缘故。据《明会典》记载，明代的盔有铁帽、头盔、锁子护项头盔、抹金凤翅盔、六瓣明铁盔、八瓣黄铜明铁盔、四瓣明铁盔、摆锡尖顶铁盔、水磨铁帽及头盔、水磨锁子护项头盔等18种盔，从盔的名称来看，基本上都是钢铁制造的。从式样来看，有的明显是沿袭元代的，余如凤翅盔等，应是仿照宋代的。

保护足部的卫足正式见于记载是在明代，有两种：一种是用铁网制成的甲靴，另一种如辽金时期的护甲。护甲以皮或厚毡裹于胫部，或连接在胫甲上，用带在踝骨处束紧，伸出的部分覆盖住脚背，形如元代的翰靴。护甲也可能用铁网制作，或在皮衬上钉缀甲片制成。

明代的武官制度是历史上最完备的，而军戎服饰的等级差别也最明显。

朱元璋登基后，采取了多种手段加强专制的中央集权统治，其中包括制定一整套十分周密的官制和复杂的礼仪服饰制度。从洪武三年至二十六年（1370～1393年），朝廷曾七次下诏规定文武百官、将校军士乃至社会各界人士的服饰，简直是样样都有定制，不可随便逾越、违背。

武官九品以上有四种官服：朝服、公服、常服和赐服。这四种服饰中，公服和常服在明初是合二为一的，中期开始分开，除常服使用较普遍以外，其余三种都属宫廷服饰，不属戎服范围。

明代军人在穿戎服时，既可戴盔胄，又可戴巾、帽、冠。穿仪仗戎服时戴的盔是用布仿铁盔制成。

清代的铠甲

戎服则因"武事尚威烈",所以用红色,间以紫、青、黄、白等作为配色。洪武元年（1368年）还使用一种"表里异色"的军士服,谓之"鸳鸯战袄",这是为了便于军队改换服色。

在清朝前期,由于长期与明朝进行战争,清军不但学会制造和使用火器,而且掌握了从欧洲引进的枪,炮等近代兵器。特别是康熙朝的兵器生产,无论是技术性能,还是数量品种,都达到了历史高峰。火器的日益发达使铠甲越来越不受重视,因此清代的铠甲在前期还用于作战,中期以后纯粹变成了摆设,只有在阅兵等典礼上有时还使用,作战时只穿戎服或绵甲,根本不穿铠甲。

清代的铠甲据《清会典》记载,有明甲、暗甲、铁甲、绵甲等几种。明甲和暗甲其文都是铁甲,甲片露于表面的称"明甲",甲片缀于面里中间的称"暗甲",也就是元、明时期的布面甲。铁甲则单指锁子甲,绵甲仍如明代,不用甲片,在面里中间敷棉为絮,表面钉甲泡制成。

明、暗甲为帝王贵臣、高级将帅使用,甲面描龙绣凤,制作精美。绵甲是一般职官士兵使用的,制作比较简陋。这些铠甲都只有一种上衣下裳式的形制,这种形制是从明后期的布面甲承继来的。

由于清代的铠甲与前朝大都相异,有些部件为独创,所以名称也不相同。

上身的铠甲称"甲衣",为无领对襟式,有的有袖像上衣,有的无袖像背心;甲衣前胸有护心镜,腹部有前档,腰左侧衣衩处有左档,右侧因佩挂箭囊,所以不装右档;下面的腿裙称做"甲裳",左右两片,前后分衩;披膊称"护肩";护肩下有护腋;臂甲称做"甲袖"（下级军官与士兵没有甲袖）。盔在清代重新改称

清代错银头盔

"胄"。胄分职官胄、随侍胄、兵卒胄几种。清代中后期铠甲废弃不用以后，戎服成了军队的唯一服饰。

　　清代士兵的戎服要简单得多，上身穿对襟无领长袖短衫，下身穿中长宽口裤（武官也相同，但要比士兵长些）。上衣外面一般还要罩一件马褂，马褂有前开襟、右衽、长袖和无袖两种，无袖的称作"马甲"，前后左右四面开衩，有的背后不开衩，用不同于面料颜色的布料镶边。在马褂或马甲的前胸后背各缝有一块圆形布，上书士兵的部队番号或领军主帅的姓氏。裤外系束三角形的战裙，这种战裙将官有时候也会使用。

　　清代的铠甲因为多数是以缎布为面，所以颜色较多。早期的八旗以红、白、黄、蓝为基本色，配上相互错开的四色镶边，组成八旗服色，并根据服色确定旗名。武官九品暗甲、绵甲上还用彩线绣以蟒云和莲花等图案，胄的顿项和护领则随衣甲或用石青色，胄顶髹黑漆。

　　武官的袍服除常服袍无颜色、图案规定以外，其余如行袍、蟒服、朝服和补服，均用石青或蓝色，尤以石青为多。行褂则按八旗甲衣之色，也有穿明黄色的，这是得到皇帝特赐才能服用的颜色。

　　士兵的袍服也以石青和蓝色为主，只有马褂和马甲不同，一般以红、蓝、白、黄、褐等色交叉做面和镶边。

　　束额巾有红、蓝、黑等色，靴和鞋基本都是黑色。

　　清朝中期，由于久无战事、天下太平，再加上固步自封、闭关自守的封建意识根深蒂固，面对西方资本主义工业飞速发展的严峻形势，居然坚持"骑射乃满洲之根本"的愚蠢政策，放弃对现代科学技术和兵器的研制，使国防力量迅速衰弱。当西方列强的大炮轰开清帝国的大门时，清朝军队几无还手之力。鸦片战争、甲午海战失败以后，我国几千年来的文化和科学优势丧失殆尽。在这种情况下，清政府中出现的"洋务派"，倡导按照西方军队的样式编练新军，这些新军的建制和训练、武器和装备、兵种和军服，都参照欧洲各国。新军军服虽然仍掺杂很多旧色戎服，但无疑是中国近代军服的开始，旧式戎服从历史舞台上完全消失，则是在清皇朝被推翻以后。

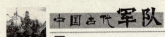

知识链接

当兵自备衣服

　　唐朝女诗人陈玉兰有一首《寄夫》诗，诗中写道："夫戍边关妾在吴，西风吹妾妾忧夫。一行书信千行泪，寒到君边衣到无？"这首诗寄托了在南方的妻子对戍守边关丈夫的思念之情。她关心地问道："寒冷的风雪已经来到你的身边，可是我寄出的棉衣你收到了吗？"诗中透露了这么一个信息，即唐代番上戍边的兵府军人的衣装是需要自己家里准备的。其实，在古代实行征兵制的情况下，当兵是有一定社会身份者的当然义务，就像要为国家服劳役、交租税一样，同样是一种经济负担。

第二章

军队的士卒与赏罚

任何形式的战争，总是在不同的军队之间进行的。因此，要了解古代的军队，首先就要了解构成军队的基本力量——士卒。士卒是军队的基础，他们是战场形势的主导者。而军队的赏罚则是能否激发士卒能力的关键因素。

第一节
军队的基础：士卒

◆ 士卒的来源

在殷周时期，我国实行征兵制。在当时的奴隶制度下，凡是非奴隶的贵族与平民，作为一种义务，在发生战争时都必须自备武器以各种不同的身份从军作战。由于当时人口不多，所以军队规模也不大。在殷代，殷王每次出征，一般兵力是 3000～5000 人。甲骨文记载最高的参战人数，是武丁时曾在三个月中连续征兵七次与舌方作战，总数为 2.3 万人；而当时一次出征人数的最高纪录，则是武丁之妻妇好伐羌方时的 1.5 万人。周武王伐纣，所出动的军队人数是"兵车三百乘，虎贲三千人，甲士四万五千人"（《史记·周本纪》）。春秋时，各国军队一般为三五万人。五霸之首的齐桓公，也不过"三万人以方行于天下"（《国语·齐语》）。著名的晋楚城濮（今山东鄄城西南）之战，晋国尽全国之力，共有 5.25 万人（见《左传·僖公二十八年》杜注）。一般来说，奴隶是不允许掌握武器的，也就没有资格当战士。参军作战，在原始社会中，是氏族内男性成员的义务；在奴隶社会中，则是奴隶主阶级中男性成员的特权。在军队中，贵族成员即"王族"、"多子族"是乘战车的甲士，一般平民则是步行的徒兵，但他们都是武士，所以后来"士"就成为统治阶级中一个低等等级的称呼（今天象棋中的"士"即来源于此），即所谓"王臣公，公臣大夫，大夫臣士"（《左传·昭公七年》）。可以说，这个时期的战士，是历史上社会地位最高的时期。只有在统治阶级内部人力不足，或征发不动之时，才逼迫奴隶走上战场，但也只能充当徒兵，或任"多士"的杂役。

在西周和春秋时期，有关征兵制的记载比较多，但却不一致。大致情况是每家从军者最高时为一人；一般情况下是300家共出75人，即平均每四家有一人从军。

春秋战国时期，我国军制发生重大变化。这种变化表现在以下几个方面：

1. 由以车战为主逐渐转变为以步兵为主。不仅每辆战车的人员配备发展为甲士3人、步卒72人，共75人，大大扩充了步兵的力量，更重要的是在春秋末期出现了在车战的隶属步兵之外的单独建制的步兵。到了战国时期就更是以步兵为军队的主体，并出现了单独的骑兵。我国传统的以步兵为主，骑兵、车兵为辅的军队组成，是在战国末期基本定型的。

2. 军队人数大大增加。由于奴隶制逐步被封建制所取代，改变了过去视入伍为奴隶主阶级特权的规定。当时全国人口的大多数，是人身依附程度较过去大为减轻的农民。他们都成了载入国家户籍的"编民"，也就都成了征兵的对象。据《盐铁论·未通》记载：古者，"二十冠而成人，与戎事"。故各国军队都以十万计。在《战国策》和《史记》的若干记载中，所称燕、赵、韩、魏、齐之军都是"数十万"，秦、楚两国则是"带甲百万"、"奋击百

古代帝王出征图

万"。

3. 在征兵制的基础上，战国时期出现了一批长期服役的常备军，如秦国的"锐士"、魏国的"武卒"、齐国的"技击"等。这些常备军经过考选和专门的训练，家中被免除田税徭役，成为技艺较高的职业军人，也是军队的主体、作战的主力。如齐宣王攻燕国时，就是以常备军"技击"连同征发来的"北地之众"一道出征的。从此以后，我国历代基本上都保持了一定数量的常备军。

4. 在战国时期，由于各国间战争频繁，还正式征发妇女入伍为军，担负守城、修筑工事等任务。《商君书·兵守》记载，守城之时，"壮男为一军，壮女为一军，男女之老弱者为一军：此之谓三军也"。在《墨子》的《备城门》和《备穴》中也有类似记载。具体的例子如《史记·平原君虞卿列传》载，赵国作战时，平原君令"夫人以下编于士卒之间"。《史记·田单列传》载，田单在即墨（今山东平度东南）守城时，也是"妻妾编于行伍之间"，"使老弱女子乘城"。这与秦汉以后军中不允许有妇女的情况（典型的例子，如西汉武帝时李陵出征匈奴，将"随军为卒妻妇"者"皆剑斩之"。李陵的理由是军中有女子则"士气少衰而鼓不起"，见《汉书·李广传》附《李陵传》），是很不同的。

从秦到南北朝时期，一直以征兵制为主，而又有不同名义的常备军。以汉代为例，改变了过去凡成年人均征兵入伍的状况（如《史记·白起王翦列传》所称秦国"发年十五以上悉诣长平"），明确规定："民年二十三为正，一岁为卫士，一岁为材官骑士，习射御、骑驰、战陈（陈通阵）。年五十六，衰老，乃得免为庶民，就田里。"就是说，在一般情况下，年 23 岁至 56 岁的男丁为征兵对象，每人必须在地方当"正卒"一年，到家乡之外去接受各种训练或戍守一年，共服兵役二年。为了增加兵源，汉代曾多次将各种罪人（汉代将工商业者与罪人同列，是其特点）编入军队。在实行征兵制的同时，又实行募兵制，这在初期是临时性的，称为"奔命"（《汉书·昭帝纪》注引应劭曰："常兵不足以讨之，故权选取精勇，闻命奔走，故谓之奔命"）。愈到汉末，募兵愈多，三国时期就几乎全是募兵了。汉代的军队分地方军与中央军两类，中央军为保证质量，是经过挑选的职业兵，故基本上是召募而来。在北方特地组织的熟悉匈奴情况的"胡骑"，和在南方特地组织的熟悉越人情况的"越骑",都是召募而成。地方军则以征兵为主。

随着募兵制的普遍施行和职业军人的增多,从三国开始出现了一种世代从军的"世兵"制,父死子继,兄亡弟代,他们有专门的户籍,称为"军户"、"营户"、"士家",社会地位低下,而且其身份很难改变。

从南北朝末期的西魏到唐代,我国实行"府兵制"。唐代的府兵制是建立在均田制基础上的一种义务兵式的征兵制,规定各州县壮丁年 20~60 岁者都必须入伍从军,但平时在家生产,农闲之时训练武事。他们仍属民籍,不设单独的军籍。在这种有点"全民皆兵"式的普遍训练的基础上,挑选部分"府兵",由分设全国的 634 个折冲府管理训练,平时每年到京师或边地戍卫一月,战时则走上战场,战罢又各归于家。由于府兵要自备武器、装备和出征所需粮食,出征或戍边又常常长期不返,府兵们不堪忍受,常常逃亡,加之府兵制的基础均田制未能长期贯彻,故而府兵制实行的时间不长,中唐以后就逐渐废弛,仍行募兵制。晚唐时期各藩镇的节度使拥兵自雄,其兵力就都是从地方招募的。

宋代基本上实行募兵制,其中大致又可分为四种:地方招募,用以维护本乡治安的"乡兵"或维护边境安全的"蕃兵",人数都不多;各州招募,用以镇压各地农民起义和供中央挑选的叫"厢兵";中央直属,用以保卫京师、守卫边疆和对外作战的"禁军",其来源主要是从各地厢军中选送,这是宋代军队的主力。"禁军"基本上是职业军人,只是不再推行父死子继的"世兵制"而已。

辽、金、元都是少数民族贵族掌握政权,其军队的主要部分按本民族的社会组织来建立,军人主要由本民族成员充任,基本上是一种世兵制。元代将强迫征召入伍的汉族"丁力强者"又重定"军户"户籍,世代相袭。

明代初期,沿袭元代搞"军户"制,世代相承,一边屯田,一边训练或作战。由于军屯制度被破坏(主要是屯田被官僚地主霸占侵夺),训练也随之废弛,军户的战斗力日益削弱,所以明中叶以后只好恢复募兵制。全国的军队分为"京营"和"卫军"两大部分。京营就是直属皇帝的京师禁军;卫军就是由在全国各地设立的"卫所"管辖的地方军。京营有的直接招募,有的是从到京师轮番值卫的"卫军"中选留的。

清代的满族和蒙族行八旗制,"八旗子弟,人尽为兵"。对于汉族,则招募"绿营",又分为马兵、守兵、战兵和水师四种,分驻全国各地。清军入关之初，以八旗军队为主，以后八旗子弟日益骄纵佚乐，战斗力丧失，绿营事实上成了清军的主要成分。清末曾仿西方国家训练"新军"，主要也是从绿营中选拔出来的。

以上就是我国古代军队的组成，或者说兵士的来源的大致情况，从中可以看出，古代的军队大多是通过募兵制，少数是通过征兵制而组织起来的。

子弟兵

杨家将的故事几乎人人皆知，传统戏曲、小说往往以宋将杨业的事迹为题材，加以渲染、描绘，写出了杨氏一门忠烈报国、勇武善战的一幕幕画面。不仅杨业子孙世代为将，而且女眷也不甘示弱，从佘太君到穆桂英，个个是巾帼英雄，就连烧火的丫环杨排风也可出列抵挡一阵。这些固然纯属演义，但也反映了一个历史现象，即古代军旅中的家兵家将是组建军事武装的重要力量。

利用血缘关系或宗法关系来维持军队，自先秦开始。西周实行分封制，诸侯虽然不全是按血缘关系分封立国，但从周初分封来看，大国有 71 个，其中"兄弟之国者十有五人，姬姓之国者四十人，皆举亲也"（《左传》昭公二十八年），即与周王为同姓血缘的国家有 55 个之多，都处在战略要地。诸侯国对周王室的义务主要是两条，一是按时朝贡，二是一旦周天子有难，要出兵相救，这就是史书上说的"封建亲戚"、"以蕃屏周"的目的。各诸侯国又按血缘宗法关系层层分封，建立采邑，使卿大夫也有领地和军队，对诸侯也有朝贡和出兵的义务。按这种关系组建军队，军队组织必然和以血缘关系为依托的社会组织相重迭，这到东周时期还有明显的痕迹。据《周礼》、《管子》、《司马法》等文献的记载，当时军队的编制伍、两、卒、旅、师、军等，分别与社会行政组织比、闾、族、党、州、乡相配合，尽管实际情况不一定如此整齐划一，但也不是没有根据的。而当时的社会基层组织中，血缘关系的纽带还在起着一定的作用，以此维系军队，可以起到加强凝聚力的作用。《管子·小匡》就说："是故卒伍定于里，军伍定于郊，内教既成，令不得迁徙。故卒伍之人，人与人相保，家与家相爱。少相居，长相游，祭祀相福，死丧相恤，祸福相爱，居处相乐，行作相和，哭泣相哀，是故夜战其声相闻，足以无乱，昼战其目相识，欢欣足以相死。是故以守则固，以战则胜。"可见，利用血缘关系、家族关系或邻里关系组织军队，成为古代建军的一个原则。

秦汉以降，家族观念和地域观念（这两者在古代往往结合为一体）在军旅中依然浓厚。西楚霸王项羽起兵时，军中多为江东子弟，以致后来兵败垓下，四面楚歌，军心大乱。汉王刘邦军中也以丰、沛故旧居多，兄弟兵、父子兵、家族兵、宗族兵当不在少数。尤其是东汉时期以后，在地方豪强的坞堡、壁垒中，由徒附、宾客、部曲等组成的私家武装，更是典型意义上的家族军队。这些家兵在军阀混战之中，或独树一帜，以强凌弱，兼并天下；或辗转投靠，助纣为虐。当时的募兵也往往是随着家族豪强一同投靠军阀，如东汉曹操起兵时，就是在家乡召募子弟兵，他的同族子弟曹仁、曹真、曹洪、曹休等，手下皆有人马，纷纷率军来投。曹洪因与扬州刺史陈温一向关系很好，所以，还率领家兵1000余人，"就温募兵"（《三国志·魏书·曹洪传》）。曹魏和东吴的军队，还实行所谓"士家制"，凡士伍之家世代为兵，士兵的身份及其领属关系也世袭化，如东吴名将陆逊病故后，其子抗"领逊众五千人"，陆抗卒，其子晏、景、玄、机、云"分领抗兵"（《三国志·吴书·陆逊传》）。这样东吴世兵制带有浓郁的私兵色彩。士兵家属也必须离乡

曹操雕塑

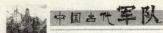

随士兵聚居，归将领集中管理，士兵之子成为"士息"，即当然的后备兵。这种士家制对于国家来说，兵源比较稳定，可以免除临时征调、兴师动众之弊，而且，父子相袭，手足相亲，作战时能够互相卫护支援。但是，当时士兵地位低下，除了士兵征战之外，家属还要为国家或将领劳作服役，所以，士家有很多逃亡，史书上记载说当时"父子相弃，叛者成行"（《三国志·吴书·贺邵传》）。

随着社会的发展，血缘关系日渐淡化，军队里这种靠家族、宗族等关系来维系的现象自然也受到冲击。但是，由于传统习惯势力的作用，特别是一些落后的、带有较强烈血缘关系的少数民族政权入主中原，使军队的家族性质常盛而难衰。五代时的军阀为了控制政局，往往用亲军作为羽翼，而在亲军中，广泛培植"养子"、"义子"，使之成为卖命的爪牙。宋代以后出现的所谓"杨家将"、"岳家军"，还有明代的"戚家军"等，在实质上，是以这种将兵之间的某种恩义关系，附会社会的"血缘"来维系军队，反映了古代的一种治军原则。

在旧军队中，军人之间，尤其是士兵之间，互相称兄道弟，乃至"弟兄"成了士兵的代称。这样称呼士兵的来源虽已不可详考，但由此也反映了中国古代军队中人际关系的一种现象。军旅不同于其他的社会集团，在战场上，军人的性命都是紧密相联的，如有临危胆怯、见死不救，则为军人所不齿。古代以血缘关系来维系的家兵族兵，兄弟子侄皆为兵，在战场上互相救助，情真意切。后世军旅即便不以血缘关系来维系，但共同的利害关系，使将士休戚与共、情同手足，也是非常自然的。这又与统治者利用"父子"、"兄弟"的所谓恩义治军方法并行不悖，成为古代军旅传统的又一特点。

盗贼流氓与刑徒人员为兵

大约在宋代以后，社会上开始流传着一句谚语："好铁不打钉，好男不当兵。"这句谚语的流行与唐代府兵制废弛以后军队成分的日渐复杂有一定的关系，反映了当时兵员素质的低下和社会地位的微贱。在军旅中，士卒的横蛮、霸道、仗势欺人的现象比比皆是，所以人们还形容说"秀才遇到兵，有理讲不清"。士卒的文化水平低，道德修养差，而且又结成了一个特定的集团，有较大的势力，更关键的是，他们成为历代统治阶级的御用工具，受到统治者的纵容和骄惯，日益呈现出流氓化的倾向，老百姓将其称之为"兵痞"。当然，并不是说所有的军士都是"兵痞"，但古代"兵匪一家"是由来已久的。

《史记·大宛列传》记载：汉武帝太初年间，"拜李广利为贰师将军，发属国六千骑，及郡国恶少年数万人，以往伐宛"。所谓"恶少年"，就是好勇斗狠的年轻人，其中不乏在乡里惹是生非、横行霸道之徒。以"恶少年"充作军士有两个目的，一是国家因战争的需要，急需补充大量兵源，而将他们征集为兵，可以加强军队的实力；二是用强制手段把"恶少年"们编入军队，派往边疆征战戍守，又可以起到安定地方的效果。一举两得，何乐而不为？所以，即使在义务兵役制占主导地位的隋唐以前，封建国家也经常性地召募或征发乡间恶少、市井无赖为兵，一些私家豪门为扩充自己的实力，对这些人的利用，更是多多益善。到唐代中期以后，府兵制逐渐废弛，有更多的流氓无赖混入军旅。宋代侬智高入寇惠州，州中恶少年乘机相率为盗，惊扰里落。后朝廷派兵镇压，这些恶少年担心受到制裁，反而"皆隶行伍，无敢动"（《宋史·王珪传》）。宋朝降金的孔彦舟年轻时也是一个无赖，"避罪之汴，占籍军中"，后来在军中又犯了事，被逮捕，他竟然买通看守逃跑。不久，又杀人"亡命为盗"，到靖康初年又应募为军，还累迁为高官（《金史·孔彦舟传》）。由此可见，在封建社会，军队的腐朽性和反人民性与一部分士卒固有的堕落是紧密相联的，这是古代"兵匪一家"的根由。"兵痞"在某种程度上也是封建军队赖以存在的社会基础。

不过，大量盗匪、流氓加入军队，也不利于军队的稳定和社会的安宁，他们败坏军队风气，不服从将官号令，为祸一方，使军队得不到人民的支持，也就从根本上腐蚀和削弱了军队的战斗力。《梁书·曹景宗传》载："景宗军队皆桀黠无赖，御道左右，莫非富室，抄掠财物，略夺子女，景宗不能禁。"唐代名将郭子仪之子郭晞寓军邠州时，放纵士卒横行不法，邠人偷嗜恶暴者，也都"纳贿窜名伍中，因肆志，吏不得问"。他们甚至整天成群结队上街强取硬讨；若稍不如意，就打伤人命，弄得人心惶惶，街市狼藉。都虞侯段秀实忍无可忍，布置捉拿了17名以刃刺酒翁的兵痞，竟差点酿起了郭晞军营士卒的兵变（《新唐书·段颜传》）。以盗匪、流氓为兵实在比将其留在地方具有更大的潜在危险性。

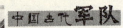

看过古典小说《水浒传》的人都知道，梁山好汉中有不少人是因犯罪后充军而被逼上梁山的。例如及时雨宋江，就是因杀了阎婆惜而被判充军，发配到浔阳，后来又醉酒题"反诗"，被人告发下狱，才被劫上山寨。豹子头林冲原是80万禁军教头，有一身好武艺，无奈被高衙内陷害，欲霸占其妻，将他充军，本想置之死地，多亏花和尚鲁智深暗中保护，才得幸免。这里所说的"充军"，指的是宋以来的一种刑罚。

《宋史·刑法志》载："刺配之法二百余条，……俟其再犯，然后决刺充军。……凡应配役者，傅军籍，用重典者，黥其面。"也就是把罪犯发配到军内或官办作坊、盐亭服劳役。由于被发配的罪犯都要隶属于军籍，在标志上也和军卒一样，在手臂或脸上刺字，所以，这也是一种特殊的集兵方式。但是，以罪犯为兵，并不是从宋代才开始的，早在先秦就有其例。

宋江雕塑

先秦军队一般是贵族军队，只有本族平民以上身份的人才能当兵，但情况紧急时也就有例外。牧野之战，殷纣王为抵抗周师的进攻，拼凑起70万人的队伍，其中不乏有奴隶和相当于奴隶身份的罪囚。但是，这支军队早已恨透了纣王的荒淫无道和酷虐残暴，怎么会为他卖命呢？周师一来，殷军就"前徒倒戈"，反而帮着周人反攻纣王。结果，纣王登上鹿台自焚而死，殷朝就这样灭亡了。

秦始皇统一六国后，对全国实行残酷的军事统治。对外，为抵御匈奴而北筑长城，又派兵南戍五岭，加上修筑阿房宫和骊山陵，所用兵力人力在160万人左右；对内，为加强专制主义中央集权，树立皇帝的绝对权威，法网严密，刑罚苛虐，囚徒众多，史称"赭衣塞路"，"赭衣"是指穿着绛红色囚服的罪犯。既然囚徒众多，当然就利用他们来服兵役、徭役，以弥补兵力人力的不足。秦二世以后，陈胜、吴广振臂一呼，天下响应，迅速将秦朝各地的防守摧毁了。秦二世慌忙赦免修建骊山陵的罪徒，使之和"奴产子"（奴隶所生的青壮年）一起组成军队抵抗。这又是一次大规模的以罪犯为兵，但秦军已是强弩之末，再也无法挽回秦朝土崩瓦解的命运。

两汉时期，以罪囚为兵已经不是什么新鲜事儿了。汉武帝为征讨匈奴和大宛，为补充兵源不足，曾效法秦始皇发"七科谪"为兵。所谓"七科谪"，就是在战争时被派到边疆去服兵役的七种人：有罪的官吏、逃亡的罪囚、入赘为婿之人、有市籍的商贾、曾经有"市籍"的、父母曾经有"市籍"的和祖父母曾经有"市籍"的人。前两种就是罪犯。还有以所谓"弛刑徒"为兵的。"弛刑徒"是指不戴枷锁的刑徒，据《汉书·宣帝纪》载，汉宣帝神爵元年（公元前61年）为征讨羌人的叛乱，就曾"发三辅、中都官徒弛刑，及应募做飞射士……，诣金城"。东汉光武帝建武十一年（35年），岑彭"将南阳兵及施（弛）刑募士三万人溯江而上……"（《后汉书·吴广传》）就是死囚也可以被募到边疆从军征战。《汉书·王莽传》载："匈奴寇边甚。莽乃大募天下丁男及死罪囚、吏民奴，名曰'猪突豨勇'，以为锐卒。"东汉明帝永平八年（65），也曾"募郡国中都官死罪系囚……，诣度辽将军营，屯朔方、五原之边县"（《后汉书·明帝纪》）。死囚被免于一死，派到前线自当努力作战。但是，军人与囚犯为伍，社会地位大大地降低了。

汉以后历代都有发罪囚为兵的事例，但将"充军"作为一种刑名的，约从宋代始。充军本是流刑的一种，被判流刑而发配到边疆戍守的军卒，就被称作"配军"。这样，就使罪犯充军成为一种制度。配军虽然服的是流刑，但还要附加杖刑，《水浒传》里说宋江来到戍地，关到营牢里要先吃一顿"杀威棒"，则是这一制度的艺术再现。至于刺面，在古代也是五种肉刑之一，到宋代变成了士兵和罪犯的一种标志，是服役时不可或缺的一个程序。

明代的充军类似宋代。据《明史·刑法志》，充军是流刑中较重的一种。"流有安置，有迁徙，有口外为民，其重者曰充军。充军者，明初唯边方屯种，后定制，分极边、烟瘴、边远、边卫、沿海、附近军。有终身，有永远。"当然，以刑徒充入军队为兵，其罪犯的身份依然存在，在军队中平时也就主要以做杂役苦工为主，但由于附入了军籍，在战争中也必然要冲锋陷阵，身份则与普通军士无异。

以罪犯为兵，或将罪犯充军服役，都反映了这么一个事实，即封建军队既是镇压人民的工具，同时，作为军队的一分子——士兵，本身也是受封建军队压迫的畸形物，愈到封建社会后期，人们愈看不起士兵。士兵在百姓面前趾高气扬、耀武扬威，在某种程度上说，也是他们自卑心理的一种表现。

士卒的编伍

一支军队，少则数万，多则数十万，如何将这样多人马合理地组织为一个最有利于作战的有机体，也就是说具体如何编伍，这是一个十分重要的问题。《孙子兵法·势篇》对此提出了纲领性的见解："治众如治寡，分数是也。"李贽在《孙子参同》中对此的解释是："分，谓偏裨卒伍之分；数，谓十百千万之数各有统制，而大将总其纲领。"唐甄在《潜书·两权》中说："十万人为军，勒为五军，军二万人；伍合于十，十合于百，百合于千，千合于万；左合于右，后合于前，前后左右合于中，而提于元帅。一知相应，一气相贯，如亿万丝为一绳，曲缩直引，无不如意，不见一丝之异。此整而不可乱之兵也。整而不可乱，然后可使。"就是说，无论千军万马，只要按自上而下地一级一级地组织起来，主将可以达到以简驭繁、治众如寡的效果；全军从偏将到士兵则每人都明确自己的岗位和与上下左右之间的关系。这种严密的编制是所有军事行动的基础，所以《尉缭子·制谈》说："凡兵，制必先定。制先定则士不乱，士不乱则刑乃明。金鼓所指，则百人尽斗；陷行乱阵，则千人尽斗；覆军杀将，则万人齐刃。天下莫能当其战矣。"这里所谈的"制"，指军中的各项制度，但最基础的，则是"士有什伍，车有偏列（偏列，见后文说明）"，就是指军队的编制。明代名将戚继光说："古人各色阵法（阵法，见后《阵法》），皆在于编伍时已定。一加旌旗、立表，则虽畎亩之夫，十万之众，一鼓而就列者，人见其教成之易，而知其功出于编伍者，鲜矣。"（《纪效新书》卷一）

戚继光雕塑

殷商时期军队的编制，从甲骨文中可以得到一个大概，军队分为右、中、左三个部分，最典型的材料是《殷契粹编》第五九七片的记载："王作三师，右、中、左"。此外还有"马"（可能是挽车之马，也可能是乘骑）、"戍"（可能是武官之名）、"旅"（可能是军队的一种建制）也分右、中、左或分右、左的记载。可是，关于军队内的各级编伍，还不大清楚，只知道军队最基层的建制是以十人为单位，也就是后来的"什伍"之"什"。《尉缭子·制谈》说"古者士有什伍，车有偏列"，这是符合古代实际的。

西周时期军队以战车为中心，一辆战车称为一"乘"，配备战士为25人（另有负责养马服役者5人，故共为30人），其中包括甲士10人（3名在车上，7名在车下），徒卒15人。武王伐纣时的主力"革车300乘，虎贲3000人"，就是指三百乘战车和三千名甲士而言的。《诗经·鲁颂·閟宫》有"公车千乘"、"公徒三万"的记载，那是包括甲士和徒卒一并计算的。很可能，甲士是只有贵族和自由民才能担任，而徒卒中则有一些奴隶在内。西周王室军队的情况，从禹鼎、訇壶等青铜器的铭文中可以确知，有"西六师"、"殷八师"和"成周八师"，共22师。据《周礼·夏官·序官》记载，"师"上有"军"的建制，即所谓："凡制军，万二千五百人为军，王六军，大国三军，次国二军，小国一军，军将皆命卿。二千又五百人为师，师帅皆中大夫。

五百人为旅，旅帅皆下大夫。百人为卒，卒长皆上士。二十五人为两，两司马皆中士。五人为伍，伍皆有长。"在这种军、师、旅、卒、两、伍的编制中，"伍"即五人，是最基层的建制单位。军必有伍，军由若干"伍"组成，古时常说"卒伍"，今日所谓"队伍"，就来源于此。五伍为"两"，两就是"辆"，即一辆战车所配备的人数，也称为一"乘"，按"五人为伍，五伍为两，四两为卒，五卒为旅，五旅为师"（《白虎通义·三军》）的编制，一师为二千五百人。不过，关于西周是否有"军"的建制，这是一个有争论的问题。由于金文和《诗经》、《尚书》中均无"军"的建制记载，只有师的建制，所以文献中的"军"，很可能是作为军队最高一级建制的"师"的代称，《周礼》的"六军"，就是金文中的"六师"，春秋时期才有上军、中军、下军这类"军"的建制。现代军队的军、师、旅、团、营、连、排、班的编制系统，就是在这种军、师、旅、卒、两、伍的基础之上发展而来。

我国古代的军队，从周代采取军、师、旅、卒、两、伍的编制以后，以"五人为伍"为基础的"五五制式"编制大体上一直沿用到近代。不同时代虽有所调整，但基本编制无大变化（中国象棋中兵卒定为五人，也正是这种编制的反映）。

当然，这种编制，在当时也只是一种基本编制，军队的主将根据步兵、骑兵、水兵、车兵的不同以及其他有关情况，还可以进行调整。例如，戚继光训练的著名的戚家军，就是步、骑、水、车四个兵种各有不同的编制，步兵之内，又要分"杀手队"、"火器队"，各队的人员大致相同，但武器的配备各有特点。大体上来说，步兵是五人为伍，二伍一队，三至五队一旗，三至五旗一哨，三至五哨一司，三至五司一营，三至五营一师。此外，还有"杂流"，就是在"司"的统帅"把总"以上的各级偏将裨将之下，还要设号铳手、鼓手、哱啰手、喇叭手、捽钹手、锣手、钲手、高招手、五方旗手、督阵巡视旗手、医生、书记、马夫、认旗手、火药匠、木匠、铁匠、军牢、健步、塘报等，组成各级指挥系统。有经验的指挥官认为，军队的编制"不必拘定数目五人，而后谓之伍，他皆效此。但顺人土之利，相时措之宜，因兵食之额。要之不出乎用法而不泥于法是矣"。这种看法当然是正确的。例如在宋代，就曾一度按唐代李靖的"结队法"施行过"新定结队法"："每一大队合五中队，五十人为之；中队合三小队，九人为之，亦择心意相得者。又选壮勇善枪者一人为旗头，令自择如己艺、心相得者二人为左右傔（即副手）；次选勇悍者一人为引战；又选军校一人执刀在后，为拥队。"（《宋史·兵志九》）这是一种"三三制式"的基层编制，每队仍是五十人，与传统的"五五制式"不同。宋代将两者并称为"三五结队法"，根据不同的情况，都曾经在军中使用。

古代的军队，大体上就是按上述基本编制而组成的。古代的战争，也就是在这样编制起来的军队之间进行的。

历史上的武举

从隋朝开始，我国开始以考试来选拔官员，这就是科举制度。但是刚施行时的科举制度，选拔的全是文官，而没有武将。中国自古有文武双全的说法，既然有文科举，那就也应该有武科举。武举制度的创立，是在武则天时期完成的。长安二年（702年），首次举行武举考试。从此以后，武举就作为一种将领选拔制度保留下来。

与文科举在历朝的重要地位不同，武举的受重视程度要远远低于文科举。历史上以武举出身成为名将的，也非常少。唐代大将郭子仪，是我们目前所知的唐朝惟一一个武举出身的名将。明朝的武举制度比较完善，与文科举相仿，武举生员称"武生"，也有乡试和会试。到了明末崇祯年间，又设置武举殿试，由皇帝钦定一甲一二三名，第一名称为武状元。由于明代武举制度比较正规，实行的时间也较长，所以出了不少武举出身的将领，比如抗倭名将俞大猷。其中，武举出身的将领也有一些名声不好的，比如引清军入关的吴三桂。

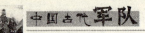

第二节
军队的赏罚之道

赏罚的作用

《管子·法法》说："号令必著明，赏罚必信密。"《商君书·画策》说："不贵义而贵法，法必明，令必行。"《逸周书·文传》说："令行禁止，王之始也。"先秦以后，历代兵家莫不强调法令必行、赏罚必信，对于治军极端重要。例如，北宋名将狄青一生治兵，主要就抓三条："正部伍，明赏罚，与士同饥寒劳苦。"（《宋史·狄青传》）将明赏罚作为治兵的最主要之点，这当然不是没有原因的。

军队中必须赏罚严明，其主要作用有两个方面。

首先是通过赏勇罚怯，提高士气。要使士兵勇不顾身地杀敌，可以有多种途径，但在古代社会之中，主要的办法是鼓励杀敌，论功行赏。在《孙膑兵法·威王问》中，田忌问孙膑："行阵已定，动而令士必听，奈何？"孙膑说："严而示之利。"《尉缭子·兵令下》说："赏如日月，信如四时，令如斧钺，利如干将（古代名剑），士卒不用命者，未之有也。"这就是今天人们常说的"重赏之下，必有勇夫"。论功行赏的另一面就是有过必罚，凡是违反军令，临战退怯者，必须给以处罚，乃至用刑。让士兵们畏惧刑加于身，就可能转怯为勇，拚死作战。只要能够做到"严刑明赏"，就可望达到"发布号令而人乐闻，兴师动众而人乐战，交兵接刃而人乐死"（《吴子兵法·励士》）的必胜士气。

在古代战争中用严明赏罚来厉行军法，提高士气，取得作战胜利的事例很多。例如，在战国七雄中，秦国原本是一个军力并不强大的国家。在秦厉公到秦出子的几代国君之时，实际上处于被动挨打的地位，即《史记·秦本纪》所说的"往者厉、躁、简公、出子之不宁"。可是，商鞅变法之后，却很快成为军事强国，形成了"齐之技击（齐国军队的主力称技击）不可以遏魏之武卒，魏之武卒不可以直（即对抗）秦之锐士"（《汉书·刑法志》）的局面。张仪在形容秦国军队的强大战斗力时说："山东（指六国）之卒，被甲蒙胄以会战，秦人捐甲徒裎（即脱去厚甲进行肉搏）以趋敌，左挈人头，右挟生虏。夫秦卒之与山东之卒也，犹孟贲（古勇士名）之与怯夫也；以重力相压，犹乌获（古勇士名）

秦始皇画像

之与婴儿也。夫战，孟贲、乌获之士以攻不服之弱国，无以异于堕千钧之重，集于鸟卵之上，必无幸矣。"（《战国策·韩策一》）秦军所以会出现如此强大的战斗力，原因是多方面的，但历代史家都一致认为，秦国自商鞅变法以来奖励军功的"军功爵制"是其中的重要原因。

秦国"军功爵制"的基本精神就是奖励军功，禁止私斗。无论何人，只要杀敌立功，就可赐以一定级别的爵位或得到一定的奖赏。如："斩一首者爵一级，欲为官者为五十石之官。斩二首者爵二级，欲为官者为百石之官。官爵之迁与斩首之功相称也"（《韩非子·定法》）。哪怕是皇亲贵族，如果没有军功，都不能取得官爵，即"宗室非有军功，论不得为属籍"（《史记·商君列传》）。另一方面，对于不努力作战的则处以重刑，"其战也，五人束薄（读为簿）为伍，一人兆（读为逃）而轻（读为刭）其四人。能人得一首则复"（《商君书·境内》）。就是说，五人编为一伍，登记成册，若有一人临阵脱逃，其余四人均要处以死罪。如果这四人各自能将一个敌人斩首，方可免除死罪。由于实行了这样的"赏厚而信，刑重而必（坚决）"（《韩非子·定法》）的政策，秦国出现了"民勇于公战，怯于私斗"（《史记·商君列传》）的社会风气。每逢作战，无论是父送其子、兄送其弟、妻送其夫上战场，都以"不得，无返"和"失法令，若（即你）死，我死"（《商君书·画策》）相劝勉。正因为这样，秦国才可能"无敌于天下，立威诸侯"（《战国策·秦策三》）。用商鞅的话来总结，就叫作"行赏而兵强"。因为"人情好爵禄而恶刑罚，人君设二者以御民之志，而立所欲焉。夫民力尽而爵随之，功立而赏随之，人君能使其民信于此如明日月，则兵无敌矣"（《商君书·错法》）。可以说，商鞅把赏罚严明与部队战斗力的关系是讲得相当清楚了。

但是，并不是所有军事家都会是如此认识、如此执行。就在秦末的楚汉相争之中，就出现了十分有说服力的对比。楚汉相争的战争，是项羽与刘邦两大军事集团斗智斗力的竞赛，其结果是项羽由强变弱，刘邦转败为胜。为什么会出现这一结局？刘邦"天下大定"后在洛阳南宫举行盛大庆功宴会时，曾与群臣进行了一次很有名的讨论。讨论题目是："吾所以有天下者何？项氏之所以失天下者何？"刘邦要求大家勿得隐讳，畅所欲言。讨论中所提出的主要论点有二：一是是否善于选拔和使用人才；二是是否能够奖赏军功。关于后者，高起和王陵的看法是："陛下使人攻城略地，所降下者因以予之，与天下同利也。项羽妒贤嫉能，有功者害之，贤者疑之，战胜而不予人功，得地而不予人利，此所以失天下也。"（《史记·高祖本纪》）而本来是项羽部下，后来转投刘邦的韩信，以他对双方内部情况了若指掌的知情者的身份，则做出一针见血的分析："项王见人恭敬慈爱，言语呕呕，人有疾病，涕泣分食饮。至使人有功当封爵者，印刓敝（即将印信拿在手中反复地抚摩），忍不能予，此所谓妇人之仁也。"（《史记·淮阴侯列传》）项羽所以失败，原因当然不少，但在这些统兵大将眼中，他不能奖赏军功，竟是遭至失败的主要原因。而刘邦不同，他能"与天下同利"，所以就得了天下。刘项两人在这一问题上的对比，是颇有说服力的。

赏罚的原则

古代军事家们很讲究赏罚之道，并且在各自的治军，长期的实践中总结了若干严行赏罚的经验，我们暂且叫它"赏罚诸原则"。这些"原则"，蕴含着丰富的思想性、哲理性，今天读起来，仍给人不少裨益。

1. 罚贵大，赏贵小

此语出自《吴子兵法·武议》。意思是说"惩罚"则要抓住有重大影响的事件，并且要敢于制裁违法犯罪的上层人物；"奖赏"则要不遗俗卑，奖励有功的牛童马夫。在吴起看来，赏罚是为了申明军威的。所以杀一个人能够使三军震动的就杀掉他，赏一个人能使万人高兴的就奖赏他。因为，施刑杀、处罚就可贵在敢于杀掉、处罚有罪的大人物，行奖赏就可贵在奖励有功的小人物。应当杀的，即使地位高贵的人也必须杀掉，这就是刑罚能制裁上层人物。奖励到达牛童马夫，这就是奖赏下层人物。能够做到刑罚制裁上层人物、奖赏达到下层人物，这就是将领威严所在。

"罚贵大，赏贵小"的主张一直受到历代治军者的重视，这是因为将帅若真能做到这一点，则可以用事实表明军法、军令的威严，使全军有所畏服，有所震动，从而转化为遵纪守法之心。

2. 罚不避亲，赏不嫌疏

这一原则与"诛大赏小"紧密相连，"诛大赏小"着重从事件的大小、人物的贵贱出发，而"罚不避亲，赏不嫌疏"着重从需要处罚者、奖励者与实行奖、惩的将帅之间的关系来论及的。明代名将戚继光说："凡赏罚，军中要柄，如信赏者，即与将领有不共戴天之恨，亦要录赏，患难亦须扶

岳飞雕像

持。如犯军令，便是亲子侄亦要依法执行，决不许报施恩仇。有此者（即是说假若有假公济私、报施恩仇者），以其所报之罪坐之。"可以说戚继光这一段话，对于"罪不避亲，赏不嫌疏"的要旨讲得非常透辟、中肯。实行惩罚、奖励执行，在有的情况下，并不是将领不愿意执行，而常常是违反军令的人与将领沾亲带故，或者是违反军令的人势威权重，碰到这样的特殊人物，主将则碍于情面，难于下手，或者是过去与之有前嫌，彼有功也不愿意行赏。碰到违反军令者或立功者与主将自己有某种特殊关系，能不能坚持"罚不避亲、赏不嫌疏"，对于执法者确实是一个严重的考验。执法的人若能受住考验，做到不避亲、不避贵、不嫌疏，同样坚持信赏必罚，不仅可以表明军法的威严，而且也表明主将坚决执法的"至公之心"与"明察秋毫"的"至诚之心"。主将的"至公之心"，会转化为下属的遵纪守法之心，不敢稍有疏犯；主将的"至诚之心"，则可以使部属内心有所感动。

3. "赏贵信，罚贵必"

此语出自《六韬·文韬·赏罚》，意思是说行赏罚，应该言必信、行必果，该赏的坚决赏，该罚的必须罚，决不能言而无信。

主将或执法人对"赏信罚必"的态度坚决与否，会产生不同的后果。据《史记·淮阴侯列传》记载：韩信曾经称项羽是行"妇人之仁"，指的就是项羽做不到"赏信"。韩信说："项王（项羽）见了下属恭敬慈爱，言语谦虚、客气，下属有了疾病他也能亲至问候，甚至端茶送饭表示关心。但是当将士有了军功需要他赏赐时，他却将加功进爵的印信拿在手中反复地抚摩，舍不得赐给，这是所谓妇女式的仁慈啊。"项羽之所以失败，原因当然不少，但在这些统兵大将眼中，他不能奖赏军功，当视为失败的重要原因之一。

4. 赏不逾日，罚不还面

这是说，奖赏要及时不过夜，惩罚要当犯当罚，连一转脸的时间也不要耽误。司马穰苴说："行奖赏要即时，好让将士迅速得到行善事、立军功的好处。行罚要当场，好令将士迅速见到作恶、违令的害处"。赏罚"贵速"的目的，是为了及时地激励将士能继续立功、杜绝违令之举再犯，这与前面诸条原则总目的都是一致的。不但古代军队中的将帅知道"赏不逾日，罚不还面"的道理，而且有些皇帝也懂得这样做的好处。宋代仁宗在皇佑年间，名将狄青率军南征广州地区侬智高的反叛。当宋仁宗得知狄青在前线破敌的消息后，立即命令赶快议赏，认为迟了则不能及时有效地鼓励，嘉勉将士再接再励地杀敌。

 5. 赏不加于无功，罚不加于无罪

这话是韩非子说的。意思是讲，执行军法军令，赏要赏有功的人，不应该赏那些无功者；罚要罚到触犯军法而有罪的人，不能错罚、滥罚。

但"人非圣贤，孰能无过"，万一失察或其他原因出现阴差阳错，赏了无功之人，罚了无罪之人，怎么办？古人对此是论述强调"太上无过，其次补过使人无得私语"。意思是说，最好是赏罚不产生偏差，其次是有了偏差就要及时纠正，使人不私下议论上级。古人不但如是说，而且史籍中还记载着许多将领坚持这样做的事迹。例如，岳飞一向执法如山，但他一当发现赏罚有误，又能严究责任，设法纠正。一次，他巡营中发现裨将杨贵正在鞭打一名逃兵，逃兵已被打得奄奄一息。岳飞赶到现场，向左右问明情况，觉得不应犯死罪，立即令人救活他，结果伤势太重抢救无效，就当场指责杨贵说："他罪不当死，如今被你打死，你应该偿命！"杨贵吓得不敢吭声，众将跪着求情，岳飞才答应他立功抵罪，后来军行至豫章，又有集体逃跑的士兵，岳飞命令杨贵去招降，倘若完不成任务，新账老账一起算，仍要处死。幸亏杨贵完成了招降任务，才免于一死。

 6. 明赏于前，决罚于后

《尉缭子·制谈》说，士卒并非喜欢死而厌恶生。只要号令严明，法制缜密，就能使他们勇往无前。明赏在前，即在作战之前就制定并讲解军令，后面再对有功的赏、有罪的罚，这样出兵就能得利，进击就能立功（因为大家熟悉法令，能自觉按法令行事）。为此古人曾经讲明了具体做法：

出兵前三日，将军法军令公布在军营门口，并要让负责宣讲军法，监督执法的"军正"。官，拿着军令向全体将士讲解。讲解之后，若有违反军令

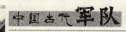

的，令"军正"官按军法条款治罪行刑，这样才能使将士知遭军中的禁令而不敢违犯。为了让将士能在战场上遵守军令，服从指挥，养成遵守军法的良好习惯，戚继光还曾在军中要求全军认真学习军令：每人一本，每人教场，先令每队中识字者一人，读与众听。"日限若干，抽兵考背，书声彻外"。有的士兵不习惯这样做，说："我辈能读书，必去考做秀才，不来当兵矣！"戚继光说："这也是不得已的事情。目的是要人人知道我军的纪律、法令，先做到知道法令，然后在实际中实施法令，天长日久，养成遵守军令的习惯和信念，这才能称为节制之师啊。"

赏罚的灵活性与教育性

强调信赏必罚，并不是说在严明赏罚之时就没有一点灵活性。这种灵活性，是在不违犯军法军令的前提下，对某些特殊情况下的违法乱纪者给以从重或从轻的惩罚。这种灵活性不是因人而异，而是因事而异的。

皇帝亲征图

《百战奇略·畏战》认为：“凡与敌战，军中有畏怯者，鼓之不进，未闻金先退，须择而杀之，以戒其众。若军中之士人人皆惧，不可加诛戮。须假之以颜色，示以不畏；说以利害，喻以不死，则众心自安。”凡有上述情况发生，主将就必须多方考察，是否是自己对敌情估计失误、指挥无方、地势不利、训练不力、动员不够、体力不支、军械不良……总之，不能随意对军中多数人处以惩罚，而首先要尽力做工作，安定军心，准备再战。

每当上阵之后，执法应较平时为严，即所谓“临战行诛，法与平时远异”（《阵纪》卷三）。这种从严的原因，是不言而喻的。在特殊情况下，也应从严。如北宋初年，马知节驻守定远军（今甘肃榆中县北），与契丹对峙。不少老百姓逃入城中求其庇护。“卒有盗妇女首饰者，护军止笞遣之。知节曰：‘民避外患而来，反罹内寇，此可而恕，何以肃下？’即命斩之。”（《宋史·马知节传》）这是在特殊情况下为了全局利益而从重的处罚，是会得到军士的理解与支持的。

为了让将士能在战场上遵守军令，服从指挥，必须在平日的教育训练中反复地申军法、习军令，使全军熟悉军法军令，养成遵守军法军令的良好习惯。同时，还应有严格可行、确有效果的制度来保证。例如，明代的戚家军，除了采取经常学习军法军令的措施之外，还规定：“平时恃强凌弱，酗酒忿争，喧骤无礼，蹂取人果稼，作践人庐器，分别轻重治之，贯耳游营。奸淫人妇女，偷盗人财物，军法示众。”（《练兵实纪》卷二）这里，凡平时有小过者，必须“分别轻重治之”，还必须“贯耳游营”；有大过者，必须“军法示众”。就是说，无论大小过失，都要公开处理，游营示众，这既是在执行惩罚，也是在向全军进行活生生的军纪教育。同时还规定：“各营将立功过总簿一扇（即一册），每千总各与一扇。凡遇百、旗、队总（都是基层军官之名）及兵夫寻常勤劳，譬如多差他行了几十里路，多差他干了一件事，记在功条一次；与人言语之争，不至军法处者，记过条一次。兵之功过，队、旗总开送百总，转送把总记之。凡百、把、千总与中军、家丁、夜不收、杂流功过，俱营将记之，附于总簿。每积一季，听调查一次，类行赏罚。”（《练兵实纪》卷三）很明显，这一系列办法是十分必要的，只要平时能如此要求，如此训练，养成良好的作风，到了关键时刻就可以达到令行禁止的目的。古代军事家曾用一句话将这种措施加以概括：“先礼信而后爵禄，先廉耻而后刑罚”

（《尉缭子·战威》）。对于少数违犯军法军令者，在惩处之后，还必须立即抓住这些典型事件对部队进行教育，达到惩一儆百的作用，正如《虎钤经》卷二所说："吏士有犯之者，当斩断之时，大将以问诸将，曰：'罪当斩。'遂令吏士扶于外斩之。斩断之后，使传令告诸吏士曰：'某人犯某罪，适与诸将议当斩。已处断讫。公等宜观此以自戒。'是大将以礼行罚，使士卒无冤死，众有畏心矣。"总之，赏罚必须与教育工作紧密结合，方能通过赏罚这一手段达到激励士气、服从指挥、英勇杀敌的目的。

在平日的教育训练中，还必须对将士的生活、将士家属的照顾等十分注意，古代叫做"蓄恩"、"积恩"。有了这样的基础，到了严行赏罚之时，特别是给予惩罚时，就比较容易贯彻。这类"蓄恩"的措施，如"饥寒困乏，加以身尝；疾病医药，亲临诊视；解衣推食，谆勤教诲；财必与共，甘苦平分；卒虽最下，得以情通；三军未食，将不先炊；三军未次（指依次扎营），将不先幕；军井未成，将不先饮；亲裹赢粮，与分劳瘁。以父母之心，行将帅之事，则三军欣从，万众咸悦"。如果不是这样关心爱护将士，得到将士的信任，"准知用笞杖以立威"，只用惩罚来推行军令，必然适得其反，"欲责之以赴难，必不得之数（数，此为命运、结局之义）矣"（《草庐经略》卷一）。所以，"大率军刑之严，必在恩爱既抚，人心固结之后"。如果不是这样，而是"平时不知用恩，有罪则加刑戮"，就极可能"激军中之变"。到了这个时候，"激变而始娇惜，惟恐一夫变色，故三军得窥其底里，而事之所以不济矣"（《草庐经略》卷一）。这一段分析是比较深刻的。我国古代一些军事家如司马穰苴、吴起、李世民、岳飞等，都十分注意这一点，都能在平时"蓄恩不倦"，所以到关键时刻，将士就会唯命是从，拚死杀敌。亦正如《阵纪》卷一所说的："卒之所以能必死（即不畏死）者，感上义之素隆也。而我之所以能令其必感者，为积恩不倦、威令之素行也。故曰'施积恩者，不可与战。'然亦有军势迫穷，恐人离散，故数赏以安之；人力倦乏，已不用命，故数罚以督之，俱无济于事。"这样执行赏罚的将帅，其结果可能还不仅是"无济于事"，还可能适得其反。这一问题对于执行赏罚是十分重要的，对后世也有着很重要的借鉴作用。

对部队进行遵守军法军令和严行赏罚的教育，最重要的方式之一是将帅本身的身教，自己要带头遵守军法，执行军法，即上引《心书》所说的，要

"先之以身，后之以人"。早在先秦时期，《尉缭子·战威》就说过："战者必本乎率身以励众士。"明代戚继光也说："所谓恩赏者，不独金帛之惠之谓，虽一言一动，亦可以为恩为惠；所谓威罚者，不独刑杖之威之谓，虽一言一默，亦可以为威为罚。"（《纪效新书·纪效或问》）这在古代就叫作"言传身教"、"默化之功"。曹操在行军之时，坐骑跃入田中，踏坏了老百姓的麦苗，违犯了他所宣布的"士卒无败麦，犯者死"的军令。他坚决给自己"议罪"。他说："制法而自犯之，何以帅之？然孤为军帅，不可自杀，请自刑。"于是，"援剑割发以置地"。诸葛亮指挥北伐之时，马谡大败于街亭。他一方面严行军法，挥泪斩马谡。另一方面，他上疏后主，深刻地检查了自己的过失与应承担的责任，并自请处分："臣以弱才，叨窃非据（即才低却又担负不宜承担的重任），亲秉旄钺以厉三军，不能训章明法，临兵而惧，至有街亭违命之阙，箕谷（今陕西褒城西北）不戒之失，咎皆在授任无方。臣明不知人，恤事多暗，《春秋》责帅，臣职是当。请自贬三等，以督厥咎。"后主根据他的请求，将他的官职由丞相降为"行丞相事"即代理丞相（《三国志·蜀书·诸葛亮传》）。曹操和诸葛亮能这样带头执行军法，就为在全军厉行法治、令行禁止、赏罚必行创造了极好的条件。将帅的身教，从来就是无声的命令，而且是极有效的命令。

知识链接

士兵的涅面

所谓"面涅"，是从五代到宋代军队中一种对待士兵的特殊做法，也就是在士兵脸上刺字涂墨，以标明士兵的身份。宋朝名将狄青本是普通士兵，在征讨西夏的战争中，曾在4年内前后经历25战，中流矢8次。由于他勇猛善战，又得到大臣韩琦与范仲淹等人的赏识，后来被提升为军官。经过十余年的征战，狄青升到了马军副都指挥使这样的高官，地位十分显贵。据

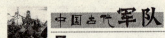

《宋史·狄青传》载说他这时"面涅犹存"，宋仁宗几次下敕令，要他敷药将脸上的字去掉，狄青指着自己的脸对仁宗说："陛下以功擢臣，不问门第，臣所以有今日，由此涅尔，臣愿留以劝军中，不敢奉诏。"

军队的将帅与训练

将帅是军队的核心，是军队的实际指挥者。两军对垒，实际上就是将帅之间智勇的博弈。以少胜多、以弱胜强，突出表现了名将名帅的指挥艺术。而能否将军队训练成一支强军，也是评判将帅能力高低的标准之一。

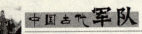

第一节
军队的核心：将帅

将帅的使用

国君或中央政府如何用将，是非常重要的问题，这其中也包括主将如何使用偏将、裨将的问题。西汉初年，刘邦的大将韩信曾当面评价刘邦："陛下不能将兵，而善将将。"（《史记·张释之淮阴侯列传》）所谓"善将将"，就是善于用将，这是刘邦得天下的重要原因之一。我国古代兵家历来认为，当将领选定之后，必须讲究"用将之道"。用将之道的关键有二：一是付以重任，授予军事指挥的全权；二是严格要求，厉行赏罚。

汉文帝时，冯唐曾向汉文帝阐述过一番用将之道："臣闻上古王者之遣将也，跪而推毂（即车轮），曰'阃（即城门）以内者，寡人制之；阃以外者，将军制之。军功爵赏皆决于外，归而奏之。'此非虚言也。臣大父（即祖父）言，李牧为赵将居边，军市之租皆自用飨士，赏赐决于外，不从中扰也。委任而责成功，故李牧乃得尽其智能……西抑强秦，南支韩魏。当是之时，赵几霸。"（《史记·冯唐列传》）这一番议论，有事实，有分析。它告诉我们，对于选定了的统兵将帅，当其率军出征之后，必须授以指挥军队的全权，使之充分发挥其才能，当国君的不要多加掣肘。这是用将之道的重要一条，叫"兵权贵一"。

"兵权贵一"，"将在军，君命有所不受"，这是我国古代军事学上一条公认的原则。早在《孙子兵法·谋攻》中就专门论述了这一问题，称作"将能而君不御者胜"。《孙膑兵法·篡卒》中说："得主专制，胜。""御将，不胜。"又《将德》中说"君令不入军门，将军之恒也。"就是说，对于一个有能力的将领来说，不受国君的干预才能打胜仗。因为国君并不了解战场上的实际情况，不了解敌我双方的具体情况，若要指挥，大半是瞎指挥。正如孙子所说："不知军之不可以进而谓之进，不知军之不可以退而谓之退，是谓縻军。"千变万化的战场上，要求指挥权的高度集中，这种权力只能掌握在亲临战场的将帅手中。这也就是《六韬·武韬·兵道》所说的"凡兵之道，莫过于一（指集中、专一）"。作为一个有头脑的君主，就应当充分信任与尊重将帅指挥作战的自主权。《六韬·龙韬·主将》还主张，国君在出征之前就应当举行隆重的仪式，将军队的指挥权授给主将，表明"军不可从中（指朝中）御"，"军中之事，不闻君命，皆由将出"，然后作战时才可能"无敌于前，无君于后"，让将帅毫无后顾之忧地发挥其最大的主观能动性。这种理论，先秦的大军事家孙子概括为"将在军，君命有所不受"（《史记·孙子吴起列传》）。

《史记·绛侯周勃世家》中记载了一个流传千古的故事：汉文帝时，匈奴大举入侵，文帝命周亚夫为将军，在细柳准备迎击。有一天，汉文帝想去军中慰劳，到了细柳军营，只见军士们披甲执锐，军容威武，严格地执行着"将军令曰：军中闻将军令，不闻天子之诏。"汉文帝只得按营中的军令行动。

周亚夫敢于在皇帝大驾到来时仍坚持军令不乱，指挥如一，表现出平时练兵之严明。汉文帝在军中颇受拘束，不得不领略"军中闻将军令，不闻天子之诏"之滋味，不得不"按辔徐行"、"改容式车"。但他既不在营中颐指气使，也不在人前叱令将军，而是心悦诚服地表扬周亚夫："嗟乎，此真将军矣！"后来治军严明的周亚夫果然在平定吴楚七国之乱时一举成功。

元末明初，朱元璋之所以能削平群雄，统一全国，其中有一条原因就是善于选将，也善于用将。每当徐达、李文

汉文帝像

忠等大将出征之前，他除详细交待战略任务之外，常常专门交待"阃外之寄，汝实任之"（《明史·徐达传》）。他将古代兵法中常见的"自阃之外，将军制之"、"阃外之事，将军裁之"的经验总结付诸实践。正因为如此，朱元璋下面的一方主将在必要时才可能大胆行使这种权力。如李文忠随常遇春北征时，常遇春病故，李代常为主将。这时，朱元璋命令李往陕西与徐达合兵攻庆阳。当李率兵到太原时，知道庆阳已被徐达攻下，而大同形势危急。这时，李文忠决计不去陕西而北援大同，这就与朱元璋下达的命令不合。于是，"军吏以为疑。文忠按剑叱曰：'阃外之事，吾将而专之。敢言不援大同者斩。'遂出雁门。"（《明史·李文忠传》）结果取得大胜。

历史上也有一些将领，事先虽未得到君主关于"阃外之寄，汝实任之"之类的许诺，但在必要时仍按"将在外，君命有所不受"的原则行事而取得胜利。如东汉初年，刘秀派吴汉率军入蜀攻讨当时割据四川的公孙述。军到川西时，刘秀两次告诫吴汉："成都十余万众，不可轻也。但坚据广都（今双流），待其来攻，勿与争锋。"吴汉进攻成都，不利。刘秀得知，下令斥责吴汉"临事勃乱"，"轻敌深入"，要他"急引兵还广都"。可是吴汉在作战中摸清了公孙述的实际情况之后，遂大胆地来了个"将在外，君命有所不受"，用秘密的夜行军，集中了全部兵力，做了三天各方面的准备之后，与公孙述军大战，遂大胜。接着"八战八克"，斩公孙述（《后汉书·吴汉传》）。

当然，历史上也有不少因违反"兵权贵一"而招致大败的例子。据《资治通鉴·唐肃宗乾元元年》所载，安史之乱时，平乱的唐将郭子仪、李光弼等在公元757年取得大胜，收复长安和洛阳"两京"。次年，乘胜攻讨驻于邺城（今河南安阳）的安庆绪。由于唐肃宗见郭子仪、李光弼的军力日盛，不放心，"子仪、光弼皆元勋，难相统属，故不置元帅"，使军队没有统一指挥，更派一个不懂军事的宦官鱼朝恩任"观军容宣慰处置使"，代表皇帝去"监军"，担任指挥，实为瞎指挥，处处掣肘。于是，号称"步骑六十万"的唐军无有专谋，号令不一，优势尽失，不仅未拿下邺城，反而在敌兵攻击下一战即溃，吃了大败仗。这就是有名的"滏水（今河北滏阳河）之溃"。

对于将帅要授以实权，充分发挥其临战指挥的能动性，这是用将的一个方面。另一方面，对将领又要有严格的要求，使之成为全军军风的体现者。《尉缭子·重刑令》认为，凡是统兵千人以上的将领，都身负着国家的重托，如果临阵退逃，就应宣布为"国贼"，给以最严厉的刑罚。凡有作为的国君，都应当"明制度于前，重威刑于后"，对各级将领提出明确的要求，违反者就加以重刑。在这方面，历史上有不少著名的事例。据《史记·司马穰苴列传》载，齐景公为了抵御晋国和燕国的入侵，经晏婴的推荐，任命司马穰苴为将军，统率全国军力与晋、燕作战。为了改变当时"士卒未附，百姓不信"的局面，齐景公特派庄贾为监军。谁知庄贾傲慢无拘，大军集中的第一天，身为监军的庄贾就严重违反军纪，黄昏时才入军营，并说是因为亲朋送别，故而未至。司马穰苴就此说了一段很有名的话："将受命之日则忘其家，临军约束则忘其亲，援枹鼓之急则忘其身。今敌国深侵，邦内骚动，士卒暴露于境，君寝不安席，食不甘味，百姓之命皆悬于君，何谓相送乎！"然后按军法，"遂斩庄贾以徇三军"。作为主帅，对军中第二号人物能如此执法不阿，故而"三军之士皆振栗"，"争奋出为之赴战"，结果是"晋帅闻之，为罢去。燕师闻之，度水而解"。三国时期，诸葛亮率大军北征，与魏军张郃部接战，"亮使马谡督诸军在前，与郃战于街亭（今甘肃庄浪东南）。谡违亮节度，举动失宜，大为郃所破"。诸葛亮乃毅然将马谡斩首，然后上疏说："街亭违命之阙……咎皆在臣授任无方。臣明不知人，恤事当暗，《春秋》责帅，臣职是当。请自贬三等。以督厥咎。"（《三国志·蜀书·诸葛亮传》）这种既严格要求大将，又严格要求主帅自己的行动，深得后人赞赏，故而这个"挥泪斩马谡"的故事流传至今。

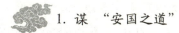 **将帅的职责**

著名军事家孙武说："夫将者，国之辅也，辅周则国必强，辅隙则国必弱。""知兵之将，生民之司命，国家安危之主也。"在这里，他把国家的命运、民众的安危与将帅直接相联系。将帅的地位、作用如此之重要，那么，他的职责是什么呢？

1. 谋　"安国之道"

历代兵家都认为，兵者为"谋国"、"治国"、"经国"、"理国"、"立国"、"安国"之道。国家强盛安危，当然有着许多错综复杂的因素，但在不

孙武画像

少情况下，是直接与将帅能否谋定安国之策有关的。如孙武出奇谋帮助吴王阖闾战胜强楚，张良为刘邦成汉业运筹帷幄，诸葛亮在辅助刘备时，不仅表现出"运筹帷幄之中、决胜千里之外"的指挥才能，更重要的是他为刘备制定了"东联孙吴，北拒曹操"，"据荆州，取巴蜀，以成鼎足之势"的战略方针，还有刘伯温虽是个文人学者，他能以宏韬大略帮助朱元璋智取巧夺，以成帝业，都能说明这一点。

从历代兵家论述中看出，要求将帅谋"安国之道"，主要是强调要"决胜于庙堂"。古时候，进行重大政治、军事决策，要在宗庙举行会仪，谋划大计，称之为"庙算"。

《孙子兵法·计篇》中说："夫未战而庙算胜者，得算多也；未战而庙算不胜者，得算少也。多算胜，少算不胜，而况于无算乎；吾以此观之，胜负见矣"。意思是说，在战争之前有周密的作战谋略计划，才能战胜敌人，这是因为计算周密，胜利条件多；战争之前，如果没有周密的计划，就不能胜过敌人。这是因为计算不周，胜利条件少；计算周密，胜利条件多，可能胜敌，而何况根本不计算，没有胜利条件呢？我们从这些方面来考察，谁胜谁负就可以预见。古人强调"决胜于庙堂"的"庙算"，有两层意思。

一是谋求"不战而屈人之兵"，获取"全胜"的战略"庙算"。兵家尉缭曾对如何取得战争胜利做过这样的分析，他认为：凡用兵有"道胜"、"威胜"、"力胜"三种情况，宣讲武事，分析敌情，设法造成敌人士气衰落而部队涣散，它虽然形式完整，却不能用来作战，这是"道胜"；加强完善武器装备，使士兵有果敢战斗的决心，这是"威胜"；攻破敌军杀其将帅，登上敌城发动机弩，击溃敌众夺取土地，然后胜利而归，这是"力胜"。他主张求"道胜"，以"不战而屈人之兵"。孙子也认为：百战百胜，不算最好的，不战而使敌人屈服，才算是好中之好的（《孙子兵法·谋攻》）。另外，吴起关于

"兴四德"、"亲万兵"、有"四和"而后求战的主张,《六韬·文韬·守土》中关于"无疏其亲,无怠其众,抚其左右,御其四方"为防守国土之要的思想等,都是谋求"全胜"的战略"庙算"的具体表现。

二是"先计而后战"的战术庙算。早在春秋时期,管仲就说过:"凡攻伐之为遭也,计必先定于内,然后兵出于境。计未定于内而兵出于境,是则战之自败,攻则自毁也。"三国时的军事家、政治家曹操也说:"欲攻敌,先定谋。"宋代民族英雄岳飞从丰富的实践经验总结出:"勇不足恃,用兵在先定谋。"如此等等,可以看出作战当"以计为先",战前进行计算、谋划是将帅的重要职责。

 2. 治强盛之军

《吴子兵法·治兵》中,吴起在回答"兵以何为胜"时,十分明确地断言:"以治为胜。""治兵"、"治军"这一概念使用很早,如《左传·隐公五年》、《礼记·曲礼》等文献中就已出现。古时含义较广,我们这里所指的"治强盛之军",主要指未作战之时将帅对军队的管理、训练、教育而言。这是将帅最重要、最经常的职责和任务之一。为"治强盛之军",对将帅提出了诸多要求,"知兵","和众"就是重要内容之一。"知兵",就是要了解、熟悉自己的部队,做到"知兵善任"。兵家所言"知己知彼"中的"知己",就是要求了解自己的部队,特别是了解自己下辖的各级将佐。《武经总要》上说,大将受领任务,必须首先估计部属的能力,知道他们胆力的勇怯、技能的精粗,使所用的人都恰如其分,这才是好将帅。

 3. 决疆场之胜

战争爆发后,将帅的主要职责当然是指挥作战。作为古代将帅,凭着机智、果断、沉着、勇敢的指挥才能,凭着精湛、高超的竞技在战场上"折冲千里",积小胜为大胜,积战斗的胜利为整个战争的胜利,则是责无旁贷的。因为,战争毕竟是力的较量,它要求将帅组织战役和战斗,直接指挥和带领部队在战场上守城攻坚、拼死廝杀。在冷兵器时代,除把将帅披坚执锐、身先士卒、拼死廝杀作为"决疆场之胜"的重要条件之外,也十分重视为将者

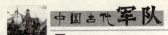
"察情"、"任势"的智慧，十分强调"将在谋，不在勇"的道理。

"察情"，就是在临战之前迅速而准确地掌握有关的各种情况，做到"知彼知己"。这就包括对天时、地利、敌情、我情的考察与了解。孙子说："知天知地，胜乃不穷。""知天"就是掌握天气的特点以及可能到来的变化，让自己的行动适合这种特点与变化。三国时著名的赤壁之战中，孙刘联军凭诸葛亮"借"的东风火烧曹军，取得全胜。东风不是好"借"的，这只是诸葛亮善于观察、预测"天时"，并充分运用了"天时"之利的缘故。这是"知天"的典型战例。不过这种情况古代并不多见。对自然条件最重要的和最经常的考察，是在于"知地"。因为古代作战没有可以离开地面的飞机，没有可以迅速离开不利地形的交通工具，所以将士都是靠双脚或借助于马匹、战车在地面上活动，地形的远近、险易、广狭、死生对于一次战役的胜负，较之现代战争更为重要。

"任势"，就是要懂得利用有利形势。古代兵家强调"任势"。认为关键在于"乘势"和"造势"两点上。宋代尹宾商总结前代兵法之精华。写出《兵》三十六字，其中关于"乘"、"捭"，讲的就是"乘势"问题。"乘"即利用，"捭"即分开，就是分析，辨别。尹宾商说："乘者，乘人之不及，攻其所不戒焉耳。""骄可乘，劳可乘，懈可乘，饥可乘，渴可乘，乱可乘，疑可乘，怖可乘，用可乘，险可乘，可乘者敌也，揣其可乘而乘之善制敌也。"他一口气举出了十种可"乘"之势。同时他又看到，战争双方相互保密，在战争的迷雾中，最难以捉摸的是敌人的行动企图，真真假假，虚虚实实，使人眼花缭乱的现象给军事判断带来许多困难。因此，为将者要做到利用有利态势，就要对战争的情况辨真伪，分虚实、定奇正……把现象极相似而本质对立的混杂在一起的各种情况分解开来，这就是"捭"。通过"捭"，找出可"乘"之势。除"乘势"外，还要善于"造势"。《六韬·龙韬》中记载，周武王问太公："凡用兵之法，其大要如何？"太公答道："其成与败，皆由于神与势的运用。"这里的"神"即"神化"，"势"即"形势"，太公认为由神化莫测之计谋所造成的兵势，使敌人自然无法加以抵抗，他还具体列举了二十种战术行动，认为这些是造成"神"与"势"的重要方法。孙子的"诡道十二法"，更是备受兵家推崇的重要"造势"方法。

皇帝与军帅的冲突

宋太祖赵匡胤通过陈桥驿兵变、"黄袍加身"，从节度使、禁军统领做到了皇帝，在当时军阀混战、争立为帝的气候下，自然有许多人不服气。宋朝建立不出半年，就有李筠和李重进两个节度使起兵反叛，赵匡胤亲自出征，才将他们平定。而后，他单独召见谋士赵普，询问解决五代以来"兵强则逐帅、帅强则叛上"的办法。赵普分析说："唐季以来，战斗不息，国家不安者，其故非他，节镇太重，君弱臣强而已矣。今所以治之，无他奇巧也，惟稍夺其权，制其钱谷，收其精兵，天下自安矣……"赵匡胤便决心削夺节度使的权力，这就演出了一场历史上称做"杯酒释兵权"的话剧。

不久，赵匡胤即召掌握重兵的大将石守信、王审琦饮酒。几杯过后，赵匡胤举起酒杯说道："我要不是有你们的帮助也不会有现在这个地位。可是你们不知道，做皇帝也有很大的难处，还不如做个节度使自在。不瞒各位说，做皇帝以来，我还没有睡过一夜安稳觉呢！"石守信等人听了十分惊奇，忙问何故。赵匡胤说："皇帝的位子，谁不想坐呢？"石守信等人都连忙磕头说："陛下何出此言？现在天下已定，谁还敢有异心呢？"赵匡胤说："对你们我是完全放心的，就怕你们的部下将士当中，有人贪图富贵，以黄袍披在你们身上，你们想不愿意，能行吗？"石守信等听到这里，感到大祸临头，纷纷磕头不止，哭着说："我们都是粗人，没想到这一点，希望陛下指一条生路。"赵匡胤又说："人生在世就好像白驹过隙一样非常短暂，想要富贵的人，不过是多积些金银，除自己享乐外，还要使子子孙孙过上好日子。要想安稳太平，你们不如把兵权交出来，到地方上做个闲官，买田置产，终日饮酒作乐，君臣间也无猜忌之嫌，上下相安，这样终其天年，不也很好吗？"石守信等人听到这里，齐声拜谢。第二天一早，他们都称病引退，赵匡胤马上照准，收回他们的兵权，赏赐大

宋太祖画像

笔财物，安排他们做一些散官，有的还结为儿女亲家。对其他地方的节度使，也基本上按照这个原则解除其兵权。此后，宋朝建立了新的军事体制，从地方军队中挑选出精兵，编成禁军，由皇帝直接控制，这样才逐渐改变了五代骄兵悍将专横跋扈的局面，中央皇权得到了极大的加强。

在古代，大凡拥有重兵的将领多半被君主所猜忌，这是很正常的，因为，封建皇权本身就是依靠军队来夺取的，要想保住它，也必须拥有一支强有力的军队，控制住军权。尤其是通过武力夺得天下的皇帝，对这一点认识得最清楚，对拥有兵权的功臣宿将也就猜忌得最强烈。他们要想方设法使将领的兵权分散或者解除，自己好牢牢地控制住军队。从某种意义上来说，只有掌握了军权和军队，才能掌握皇权，这是古代政治制度的一大特点。在解除将领兵权、集中中央兵权方面，宋太祖在历代帝王中算是一位佼佼者，基本上是通过和平的手段解决问题的，用了"赎买"的方式，使君臣上下相安无事，也没有造成军队、社会的不稳定。可是，在许多朝代，解决这一问题的过程，往往伴随着一幕幕血腥屠戮的惨剧。

刘邦以一曲《大风歌》唱出了"安得猛士兮守四方"的宽广胸襟。他在楚汉之争的战斗中，是以善于用人而著称的。然而，天下稳定以后，却开始对那些曾经追随他四处征战的宿将故旧不放心了，寻找借口将他们一一剪除。例如，韩信是一员出了大力的将军，楚汉战争时期曾在关键时刻要挟刘邦立他为王，当然令刘邦不放心。所以，有人上书告韩信谋反，刘邦就不分青红皂白，将他贬为淮阴侯，削去其兵权。"飞鸟尽，良弓藏；狡兔死，走狗烹"。其他功臣见此，惶惶不安，也就有人反叛，陈豨即是其中的一个。在平定陈豨的叛乱过程中，又据说韩信早已与陈豨有勾结，干脆将韩信逮捕杀掉。类似的还有彭越、英布、臧荼等，都是以谋反的罪名被处死的。汉初封的七个异姓王，杀的杀，废的废，逃的逃，只剩下一个小小的衡山王吴芮，成不了气候，朝廷才算罢休。

明太祖朱元璋在这方面比刘邦有过之而无不及。从他立国之始，就警告文武勋臣，不可效法西汉韩信、彭越"事主之心日骄，富贵之志日淫"，这已经预示着对功臣勋将的杀机。丞相胡惟庸大权在握，有人告发他谋反，勾结北元和倭寇，这真是剥夺其权的大好机会。朱元璋立即将胡惟庸满门抄斩，还先后株连了3万余人。后来又说李善长知道胡惟庸谋反却没有报告，竟也将这位明朝开国第一号功臣，还是朱元璋的亲家，全家处死，虽然李善长有朱元璋亲赐的两道免死铁券，况且已经77岁，仍不免一死。大将蓝玉也被以谋反罪诛杀，当时穷究党羽，死者又达1.5万余人。其他将领除了在战争中牺牲的以外，也多不得善终，如傅友德、朱亮祖、华云龙等都是死于朱元璋之手。

当然，像韩信、英布、胡惟庸这类人物，或许真有狂妄不法、恃功骄横、为害一方的罪行，可是，这在封建社会并不是什么大不了的，类似情形在权臣贵族阶层中肯定是广泛存在的。刘邦、朱元璋对功臣宿将的打击、杀戮，当然也可以起到抑制贵族地主不法行为的作用，消除其对皇权的威胁，达到巩固政权的目的。然而，他们所做的这一切，是围绕着军权的归属所展开。所谓"谋反"，不过是皇帝为这些拥有一定军事实力的功臣宿将所加的罪名而已。

知识链接

"将军"的来历

"将军"一词，是对古代高级武官的称呼，这种称呼有时是官衔，有时则只是尊称。

将军并非自古就有。商周等早期王朝都有负责军队管理的官职，但是不叫将军。比如按照《周礼》记载，周代负责国防事务的最高官职是大司马，而没有将军之说。

在春秋时期，"将"即"统帅"，所以某卿士统帅某支部队，一般称"将某军"，后来有"军将"的说法，到了春秋末年，"军将"逐步演化成了"将军"。但是整个春秋时期，"将军"也只是对卿士的另一个称呼，而并非官职名称。

战国时期，文臣武将不分的局面发生改变，专业武官出现，将军就成

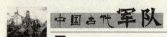
为了正式的官职，但是这个官职的地位、权力是不固定的。一直到西汉前期，将军这个官职的设置仍然带有一定的随意性。西汉中后期到东汉，将军的设置才固定下来，并且区分了等级。将军从此成为高级将领担任的固定官职，从地位最高的大将军到随处可见的各类将军，中间分好几个层级。

有些朝代，比如宋朝，将军不是官职名，而只是一种称号。而清朝的将军则更多地成了一种军衔或者爵位；即使作为官职，也未必是指武将。在现代军衔制度中，军衔为将官的军官，则可统称为将军。

第二节
军队的训练

教戒为先

当无数农家子弟离开各自的田园茅舍进入军队，成为军人之后，必须经过严格的训练，方能上阵杀敌，这是不言而喻的。孔子曰："以不教民战，是谓弃之。"（《论语·子路》）就是说，让未受训练的兵士去作战，就是将他们开到敌人刀枪下去送死。春秋时的大政治家、大军事家管仲称经过训练的士兵为"教卒"、"练士"，未经训练的士兵为"驱众"、"白徒"。他认为："以能击不能，以教卒、练士击驱众、白徒，故十战十胜，百战百胜。"（《管子·七法》）根据现在所见到的资料，春秋时的晋悼公，就已正式设立了军队的训练部门，负责全军步卒与驭手的训练，"使训卒乘，亲以听命"（《左传·成公十八年》）。总之，一支军队组建以后，第一件大事就是训练士卒。而且，不仅是新兵，就是老兵，为了进一步熟悉教令，提高战斗力，也要经常进行训练。这就是我国古代军事家特别强调的："用兵之法，教戒为先。"（《吴子兵法·治兵》）按照《心书·习练》的阐述，所谓"教"，首先是"教之以礼义，诲之以忠信"，用今天的语言来理解，就是首先要进行政治思想、道德作风方面的教育。然后才"习练"各种技艺，这其中首先又是队列和阵法变化，即"阵而分之，坐而起之，行而止之，走而却之，别而合之，散而聚之"的操练。所谓"戒"，就是"戒之以典型，威之以赏罚，故人知劝（勉励、提倡之义）"。就是要明白宣布并讲解各种军令军纪，让士兵明确自己在军中的行动准则，不可为者坚决不为，应当做者拼死去做。而"能教戒于先，则梃可格刃，以一当十之兵也"（西湖逸士《投笔肤谈·军势》）。直到现在，我们仍然在使用"训练"一词，其实，在古代军事家心目中，"训"即教训、

古代兵器

"治兵"，往往就只是对军队的管理训练而言。吴起对于军队管理训练的目的和内容有这样一段论述："若法令不明，赏罚不信，金（鸣金）之不止，鼓之不进，虽有百万，何益于用？所谓治者，居则有礼（指各种规矩准则），动则有威，进不可当，退不可追，前却（前进与退却）有节，左右应麾（服从指挥），虽绝成陈（虽失掉联系仍能各自为阵），虽散成行。"如果军队训练到这种程度，就可以作到"投之所往，天下莫当"。

可以说，每支军队都要练兵，可每支军队训练的结果不同。从我国古代练兵的经验来看，关键在于两个方面，一是严格，二是实用。

训练从严，主要有训练科目从严和考核赏罚从严两个方面。岳飞治兵时，"师每休合，课将士，注坡跳壕，皆重铠习之"（《宋史·岳飞传》）。戚继光亦规定："凡平时各兵所用器械，轻重分两，当重于交锋时所用之器。盖重者既熟，则临阵用轻者自然手捷，不为器所欺矣。"这一类制度要求训练时要加大难度，铠甲、兵器都要加重，上了战场就可以应付自如了。训练中还必须认真，一丝不苟，定出严格的考核标准与赏罚制度，任何人不得例外。戚继光要求部下在"操之时，虚心公念，犯必不赦，至亲不私，必信必果"。岳飞练兵时，"子云（即岳云）尝习注坡，马踬（即扑倒在地）。怒而鞭之"（《宋史·岳飞传》）。岳飞对自己的亲生儿子都如此严格，对全军训练之认真，就可想而知了。戚继光规定了训练中每一项具体科目的具体要求，逐一进行比较考核，将成绩载入"武艺册"中，然后按训练成绩分为十等。例如，考核射箭，九发九中为超等，八中为上上等，七中为上中等，六中为上下等，五中为中上等，四中、三中为中中等，二中为中下等，一中为下上等，不中为下中等，全然不知射箭方法为下下等。凡属上等均有赏，中上、中中等免究，中下等以下受罚。赏罚的对象不仅是士兵，甚至主要不是士兵，而是各级将佐。将佐训练的部队如果成绩是下上等要捆打，下中等捆打了还要降职，下下等则以"抗违练兵"之罪"捆打参革"，即撤职查办。

练好军队的第二个关键是要实用，要从实战出发。关于这点，戚继光曾反复加以强调。他明白地指出："往时场操，习成虚套，号令金鼓，走阵下营，别是一样家数。及至临战，却又全然不同。平日所习器技舞打使跳之术，都是图面前好看花法之类，如至临阵，全用不对，却要真正搏击，近肉分枪，如何得胜？又如平日只用短小竹箭，临时射大箭，高下如何得中？"他宣布：

"往年将官，多用虚套"，自他统兵之后，"说谎弥缝之套，必当痛禁。宁拼死，决不合同他们欺心欺国"。所以，他把他所领导的军事训练叫作"练战实"，也就是练"实战"，要求"平日教场所操练金鼓号令、行伍营阵、器技手艺，一一都是临阵一般，件件都是对大敌实用之物，便学一日有一日受用，学一件有一件助胆"（《练兵实纪》卷八）。戚继光在隆庆二年（1568年）被任命为"都督同知总理蓟州昌平保定三镇练兵事"的重要职务时，特地向中央上疏，提出练兵的若干重要原则，其中就专门有"教练之法，自有正门。美观则不实用，实用则不美观。而今悉无其实"（《明史·戚继光传》）的一段议论。这种必须从实战出发"练战实"的主张完全是必要的，特别是因为古代作战主要靠刀枪杀敌，这类武艺中常有一些被戚继光斥为"周旋左右，满片花草"的华而不实的花套路，只能显技逗巧，全无实战价值，是古代练兵的大病。戚继光痛恨此病，大声疾呼。自从他到蓟门负责练兵之后，一扫这类恶习，而以"练战实"为主，故而取得了练兵的巨大成就。

古代训练军队，还很注意强调由点到面，由少到多，先练骨干，逐步推广，务求取得实效。《通典》卷一四九引《太公兵法》说："教战之法，必申三五之令，教其操兵起居进止，旌旗指麾，陈而方之，坐而起之，行而止之，左而右之，列而合之，绝而解之，无犯进止之节，无失饮食之宜，无绝人马之力。令吏士一人学战，教成十人；十人学战，教成百人；百人学战，教成千人；千人学战，教成万人；万人学战，教成三军之众。"应当说，这是一条注重实效的、正确的练兵途径。

训练的内容

古代军队兵器的种类多，军中分工细，教战内容大者要分步兵、骑兵、水兵、车兵、战法等专项，小者要分弓弩、刀枪、棍牌、火器等兵器科目，另外还要练战队、练阵法，内容十分庞杂。

1. 教阵法

阵法，它是古代战争中常见而又十分重要的内容。它可以严格队列阵形，使全军上下动作协调一致，适应敌情变化，充分发挥战斗力。它要求全部兵

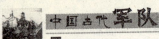

士上阵之后，动作协调，紧密配合，千万人都按共同的目标与意图投入战斗，做到孙子所要求的"人既专一，则勇者不能独进，怯者不能独退"。做到尉缭子所要求的"金鼓所指则百人尽斗，陷行乱阵则千人尽斗，覆军杀将则万人齐刃，天下莫能当其战矣"。

要达到上述要求，就必须组织部队对阵法进行操练。对部队进行阵法训练，在我国有着悠久的传统。早在周代，对周族成年男子进行普通的军训时，就已经规定："中春，教振旅，司马以旗致民，平列阵，如战之阵"。"以教坐作，进退、疾徐、疏数之节。"对于阵法的操练，因各种阵法的具体要求不同，而训练内容有所差异，但都有若干共同的基本功夫。要多练的，正是这种基本功夫与应变能力。

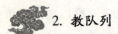

2. 教队列

凡是军事训练，总要从队列训练开始，"一二一"、"左右左"的口令是任何练兵场上所共有的声音。这一点，今天与古代相比，并无二致。

所谓队列，就是军队在战阵中的行列，其基本要求就是《司马法·严位》中的"立卒伍，定行列，正纵横"。今天队列的"立正"、"向右看齐"、"向前看"的要求，就是"立卒伍，定行列，正纵横"的具体化。行列已齐，纵横已定，然后才能练习前后跪起等队列变化。

古代军队为什么重视队列训练？因为在冷兵器时代，作战以刀矛弓弩为主要武器，这与现代战争以枪炮为主要武器有着很大的不同。前者要求密集型队形，后者要求散开型队形；前者只有人员密集、刀枪并举，万箭齐发，才能发挥威力；后者故然也需要火力集中，但需要多用散兵，以减少敌人机枪和火炮的杀伤力。正因为如此，古代作战有"行惟疏，战惟密"的一条基本原则。这就是说，在行之间，宜疏一点，各种兵器才能施展得开，不至于相互影响；但整个战斗队伍，则宜密一点，方能形成打击力。古代军队之所以重视队列训练，还因为可以从经常性的队列训练中培养部队坚决服从命令的良好军风，真正做到令行禁止，军令如山；以队列训练为基础，方能训练各种战术配合，训练各种阵法的排列、演化。

队列教练的基本要求是人人定位，行列整齐；进退左右，俱成行列；起坐跪伏，俱从号令。其基本要领，就是"列不攒挤、亦不过疏，前看心、后看背、左右看两肩，此系整行齐武之要言"。为了使部队方位明确，不致混乱，古代常以各级将领和各部分兵士不同的旗色、服色、徽章作为区分队伍行列的标志。虽然队列训练的内容并不复杂，但它是其他各种训练的基础，所以兵令历来要求十分严格。如《尉缭子·兵教》主张，训练时有非令而进退者，要按违犯训练条例论罪。而且同行的伍长不督促教练，也要受同样的处罚，因保教练无功，督促不力。由此可看出，古代对队列训练是十分重视的。

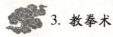

3. 教拳术

拳术，是我国传统的健身之道，也是军队教战的一个传统项目。《荀子·议兵》中论述当时诸侯各国军事训练之时，说"齐人隆技击"，这种很兴盛的"技击"，就是一种徒手的拳击式的活动。相传宋太祖赵匡胤在练兵时就规定必须学拳，还编制了"三十二势手卷"。古代军队其所以重视拳术教练，其好处有三：一是可以"活动手脚"，是强身健体的需要；二是练拳为习练其他技道之基础。无论练习何种兵器，没有不包含拳法的。明代何良臣在《阵记》

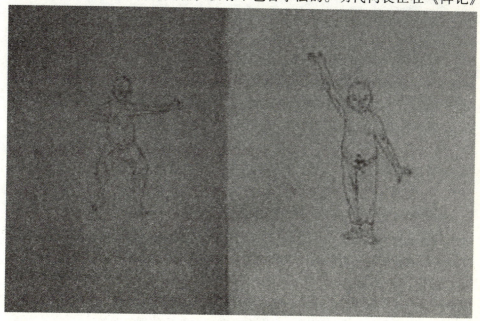

拳法图势

中说过："学艺先学拳，次学棍，拳棍法明，则刀枪诸技特易耳。所以拳棍为诸艺之本源也。"三是可以增加徒手搏斗的能力。战场上，如果万一失掉或损坏了手中的武器，必然要与敌人手搏。这时，拳法的高低就有了十分明显的作用。

我们现在所能见到的正式将练拳列入练兵内容的记载，以明代为多，其中又以戚继光的《纪效新书》卷十四最为明晰。他说："拳法似无预大战之技，然活动手脚，惯勤肢体，此为初学入艺之门也……学拳要身法活便，手脚便利，脚法轻固，进退得宜，腿可飞腾。"有了这样的基础，学习各种兵器就容易多了。所以他说："其拳也，为武艺之源。"戚继光不仅介绍了学拳的各种要领，以及明代各种有代表性的路数，而且还绘出多种拳法图势，编出习练口诀，引导士兵学习。《武备志》全部收录了戚继光编的口诀和绘制的图例，对后世影响很大。

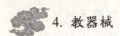

4. 教器械

在古代的战争中，兵器的种类较多。早在《周礼·夏官·司兵》中就有"司兵掌五兵五盾"的记载。"五兵"指的就是戈、戟、矛、殳、弓矢，五种兵器各有所用，相互配合。《司马法·定爵》讲：

"弓矢御，殳矛守，戈戟助，凡五兵五当（用途），长以卫短，短以救长，迭战则久，皆战则强。"这五种兵器是先秦时期的主要武器。到后来发展到有"十八般兵器"、"十八般武艺"的说法。古典小说《水浒传》第二回："史进每日求五教头点拨，十八般武艺一一从头指教。哪十八般武艺？矛、锤、弓、弩、铳、鞭、简、剑、链、挝、斧、钺、戈、戟、牌、棒、枪、权。"其实军队作成所用的兵器远不只这些，此处讲的十八般兵器，只是泛指，形容其多的意思，因为古代战争有步战、车战、水战、骑战等，兵器种类繁多，是可以想见的。每一种兵器的使用，都需要平时刻苦训练，也就是说要练出一身武艺。所以，古代军队不得不重视军队的兵器训练。例如，弓矢的训练一项，在《武经总要》、《纪效新书》、《虎钤经》等兵法中，都十分详细地论述了它的重要，还规定了教练弓矢的具体步骤，概括起来可分如下几步："审弓矢"、"量力调弓、量弓制矢"、"先学持满"，练"脚法"、练"手法"、练"调气息"、练"控弦"、纠误姿、由近及远，由易而难，由将佐或老兵向新兵传授经验等。

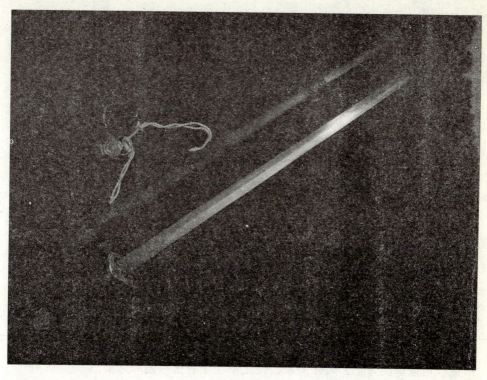

军用宝剑

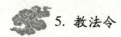

5. 教法令

　　《尉缭子》有《制谈》一篇，认为治兵必须"号令明、法制审"，而且坚决贯彻执行，则高山可上，大河可渡，敌阵可破。因为军法、军纪、军令是军队中每个成员共同的行动准则，是整齐步调、努力作战的基础，令行禁止、执行赏罚的依据。从这个意义上讲，军法、军纪、军令能出战斗力，是克敌制胜的一种保证，历来被兵家所重视。在战国时期成书的《周礼·夏官·诸子》和《韩非子外储说右上》中就已经出现了"军法"这一概念，战国时期的《司马法》中第一次有了关于车兵，步兵的战斗条令的简略记载。

　　为了让将士能真正遵守军令，服从指挥，重要的一条是必须平时重视对全军实施军法教育。只有在平日的教育训练中反复地申军法、习军令，使全军熟悉军法军令，才能逐步养成遵守军法军令的良好习惯。孙子强调"令之

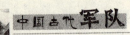
以文，齐之以武"，和张预注释的"文思以悦之，武威以肃之，畏爱相兼"，讲的就是平时的军法军令教育与战时严行法令的关系。明代的戚家军，除了采取经常学习军法军令的措施之外，还制定了一套严格可行、确实有效的制度来保证法令的实施。戚家军规定："平时恃强凌弱，酗酒忿争，喧骚无礼，蹂取人果稼，作践人庐器，分别轻重治之贯耳游营，奸淫人妇女，偷盗人财物，军法示众。"它规定军队在平时无论大小过失，都要公开处理，或游营示众，或处以重刑。这既是严格执行惩罚，整肃军纪，也是在向全军进行活生生的军纪、军风及军法教育，达到惩一儆百的作用。

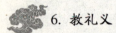

6. 教礼义

《吴子兵法·图国》中说，凡是统制管理一个国家，以及治理军队，要以礼来训诲他们，引导他们，又要以义来奖励他们，激劝他们。其目的不外是要使他们都能知道什么是荣耀，什么是耻辱。使人人知道耻辱之事切不可做，一心向荣耀之处拼死而为。如能做到人人有耻，那么在政治上如果企图积极进取，有大行动，就足以有力量可以向敌进攻。即使把企图与行动缩小范围，最低也可以保国守土，效死国家，使之不至于有被敌侵夺之祸。

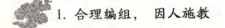

训练的方法

兵家李靖说，教练得其法，则训练效果良好，自然指挥如意，官兵亦乐于为用。教练不得法，虽然督促甚严，亦无益于事。为增进效果，所以编辑图表，以利进行。古代军队不仅重视教战，而且对于教育训练的方法也是十分讲究的，常用的教习方法大致有如下几种：

1. 合理编组，因人施教

《司马法·严位》说：所有的作战准备，不是难在作战部署的布阵，而是难在使人人适合作战部署。使人适合作战部署尚不太难，最难的是得人而用且各称其职。一方人有一方人的气质秉赋，甚至各州都不一样。教化可以为风俗，习惯也是形成风俗的主要部分，所以风俗也是各州不相同的。用国家的政策之道，军队的严明法令可以变化风俗，但必须注意到这些风俗的差异，这是强调在用法令、教化统一各方风俗时，要注意到各自的差异，因人因时而教。李靖曾经主张不同民族的戍卒，其训练方法各不相同。军队中汉族的戍卒，用一种方法训练；番族（少数民族）的部落，则另用一种方法训练。兵家吴起主张因各人素质特长的差异，给不同的兵器，规定其不同训练课目：身材矮小的人，使之执持矛戟，准备熟习近战；身材高大的人，使之执持弓弩，准备熟习远战；使强有力的人执持旌旗，因为必要之时需要他麾旗先登；使勇而敢的人执持金鼓，因为金鼓声音号令，离远了听不清，必须接近战线，故而受伤流血在所难免；无论身材高矮，凡是体力气力较弱不能服直接战斗兵役的，就让他们充当诸种杂役勤务；至于长于智虑的人，就可以使之研究计议作战之事，来充任参谋军官。《六韬·犬韬》在"练士"中，则更详细地论述了教战过程中如何根据各人的特长，秉性、天赋、情状等合理编组，因人而教。

 ## 2. 先之以身， 志诚感诚

无论是教练器械、技艺，还是练胆养气，激励士气，古代兵家都强调将帅必须以身先之，以造成"感通之神"，激发兵士的练兵积极性。戚继光说，所谓将领身先士卒，并不是单单表现在战斗中，平时训练，也要表现出同甘共苦。只有平时训练亦与兵士没有不同，才能激发兵士的训练积极性。这里他就明确指出了将领带头训练，提高自身技艺对增强官兵团结，提高练兵积极性的作用。器械、技艺训练如此，军队的胆气士气训练如何呢？他又说，作为将帅，怎样才能真正有效地训练部队的胆气士气，其有效方法不外乎是要以身作则，言传身教而已啊！凡是所提倡的，所鼓励的，都要自己首先做到，以自己的诚意和模范作用去教育感化士兵。这种身先士卒的精神一直为兵家所推崇。早在先秦时期，《尉缭子·战威》就说过："战者必本乎率身以励众士。"他把将帅以身作则作为领兵作战的基本要求。为了真正做到将帅先之以身，要训练部队严格的纪律，自己必须带头执行纪律。这种以身先之，造成"感通之神"是一种不上操场的操练，是贯穿于整个军队生活中的操练。戚继光说："操兵之道，不独执旗走阵于场，而后谓之操，虽闲居坐睡嬉戏亦操也。"即这种操练，存在于"一言一动"、"一语一默"之中。应当说，古代兵家的这些经验之谈，是很有实际意义的。

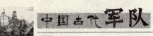

古人狩猎图

 3. 围猎斗勇，校场竞技

　　古时候田猎、围猎，无论是军队还是民间都非常普遍、经常，它既是获取生活资料的重要渠道，又是训练军队的重要手段。《左传·隐公五年》中记载："故春蒐，夏苗、秋狝、冬狩，皆于农隙，以讲事也。"意思就是说，春夏秋冬，在农闲或务农的间隙组织围猎，讲习武事、以振军旅。古代文献中还有许多古代国君、将领率军出猎的情景，《隋书·礼仪志》载："监猎布围……百官戎服，骑从鼓行入围，诸将并鼓行越围。"《宋史·礼志》载："太祖建隆三年，始校猎于近郊，先出禁军为围场。"利用田猎、围猎中与野兽搏击、斗智斗勇的机会，无论是对军队的胆气、技艺，还是组织纪律，都是有效的锻炼。元朝成吉思汗根据游民、牧民善骑、善猎的特点，将士兵围猎的收获大小、勇猛状况以军功形式记录下来，以备论功行赏。

历史上的精兵

　　相传为诸葛亮所写的《心书·习练》中有一句名言："军不习练，百不当一；习而用之，一可当百。"这话是很有道理的。我国古代军队讲究练兵，不少名将练出了一支支战斗力大大强于其他军队的精兵，在我国古代军事史上写下了若干著名的篇章。例如，春秋时，孙子在吴国严格练兵，可以"折冲销敌"，乃"鸣鼓会军"，终于得到了"西破强楚，北威齐晋，南伐于越"的重大战功（《吴越春秋》卷四）。后来，越王勾践为报过去败于吴国之仇，乃发愤治国治兵，特别加强了使用弓弩的训练，请当时的弓弩专家陈音"悉以教吾国人"，"陈音教士习射于北郊之外，三月，军士皆能用弓弩之巧"，后来终于取得伐吴雪耻的大胜利（《吴越春秋》卷九）。

　　三国时东吴的大将吕蒙在担任中下级将领时就长于练兵。他作别部司马时，练兵认真，军纪严格，连服装都专门设计，整齐而又精神。当孙权阅兵时，吕蒙所部"陈列赫然，兵人练习，权见之大悦"。后来屡获战功，成为孙吴军队的主力（《三国志·吴书·吕蒙传》）。

　　三国时曹操的大将徐晃是立战功最多的将领之一，被曹操誉为"将军之功，逾孙武、（司马）穰苴"。所以能如此，就出于多年严格练军之功。例如，当曹仁、徐晃等部在襄樊打败关羽之后，还军庆功，曹操到各军视察慰问，"案行诸营，士卒咸离陈（同阵）观。而晃军营整齐，将士驻陈不动。太祖（即曹操）叹曰：'徐将军可谓有周亚夫之风矣'。"（《三国志·魏书·徐晃传》）

　　著名军事家李世民不仅在统兵打天下时注重军事训练，当了皇帝之后，仍经常认真地训练将士。据《太平御览》卷二九七引《唐书》之载："太宗初即位，突厥入寇，欲诸军皆习骑射，每退朝，即引诸卫将习射于显德殿庭。"他告诉部将说："我今不使汝

李世民画像

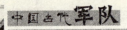
等穿池筑苑，造诸淫费农民，姿令逸乐。兵士唯习弓马，若无贼来，我则为汝博士，教汝等武艺优长；若有贼来，我即为汝将帅，领汝斗战，亦望汝等前无横敌。""于是日引数百人于殿庭教射，太宗亲自临试，每坐或至午时，射中者随赏弓刀布帛。"这时，有臣下进谏说；"不宜引卑碎之人（指普通士兵）挟弧矢于轩陛之侧。"可是，李世民回答说："率土之内，皆吾臣子。我所恨，不能将我心遍置人腹中，岂有相疑之道哉！"由于他能如此重视军队的训练，结果"一二年间，兵士尽便弓马"。

唐代平定安史之乱的名将李光弼以善于练兵闻名，"能以少覆众。治师训整，天下服其威名。军之指顾，诸将不敢仰视"。郭子仪也是当时名将，当李光弼代替郭子仪指挥朔方地区（今宁夏回族自治区的大部分）军队以后，"营垒、士卒、麾帜无所更，而光弼一号令之，气色乃益精明"（《新唐书·李光弼传》)。唐肃宗派去的监军使者鱼朝恩见到李部官兵训练之时，"申号令，鸣鼓角，部伍坐作，进退若一。朝恩叹曰：'吾处兵间久，今始识训练法。"（《新唐书·郝廷玉传》）

唐代的名将高崇文曾任长安城使，统领神策军。他在长武（今陕西长武）

戚继光抗倭图

练兵时，"五千人常若寇至"。当朝廷派使者至长武，命令高崇文统兵出征成都的刘辟时，"卯漏（即卯时）受命，辰巳出师，器良将完，无一不备"（《新唐书·高崇文传》）。从卯时接到命令，辰时至巳时就全军陆续出发，其间只有三四个小时，5000人的军队就可以出动。如果没有平时严格的训练与严明的军纪，是根本不可能的。

宋代岳飞精心训练的"岳家军"威振天下。特别是岳家军的精锐"背嵬军"更是勇健无比，"凡有坚敌，遣背嵬军，无有不破者"。对于他练兵的成绩，宋高宗的评语是："治军之有法，虽观古无以惭。"（《金陀粹编》卷三《自池州移军潭州奖谕诏》）岳飞的敌人对岳家军的评价，则是流传千古的八个字："撼山易，撼岳家军难。"（《宋史·岳飞传》）

古代练兵，成效最卓著的，是我们已多次提到过的戚继光。他在浙江抗倭时，召募农家子弟从军，"务辑众心，一军皆服"，"简练训习，一旅可当三军"，取得了抗倭的重大胜利。福建人民盼望戚家军"如望时雨"。他到蓟州（今河北北部）守边，从南方召募了过去曾在戚家军作战的"南兵三千"，这三千重新入伍的战士"如期至，陈而待命郊外。自朝日雨甚，至于日中，军容益壮，总干山立。边将大骇：'将军令固如是乎'"！他在北方边境练兵十几年，又大获成效，检阅之时，"十六万之师毕至，营伍必整，旌旗火鼓必齐，约束必坚，号令赏罚必信"。"在镇十六年，边备修饬，蓟门宴然。继之者踵其成法，数十年得无事"（以上皆见《明史·戚继光传》）。作为戚家军练兵的经验总结《纪效新书》和《练兵实纪》，是戚继光给后代留下的宝贵遗产，可以说是我国古代最重要的"练兵学"专著，至今仍有若干可供借鉴的高明见解。

有兵不练，后果是可想而知的。西汉时，晁错在著名的《论兵事疏》中曾经指出："士不选练，卒不服习，起居不精，动静不集，趋利弗及，避难不毕，前击后解，与金鼓之音相失，此不习勒卒之故也。"清代中叶以后，军事力量日渐衰弱，从鸦片战争开始，清军与入侵的列强作战，几乎每战皆败，这其中原因当然很多，但其中重要的一条就是将嬉兵惰，不抓紧练兵。据《圣武记》卷十三所载，清嘉庆年间的情况已是"承平日久，兵习宴安，步行四五十里即脚肿"。这样的军队，怎么能打胜仗？

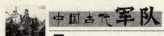
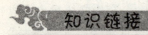

元帅与将军的差异

元帅可以说是一个非常显赫的武将头衔。在中国象棋中，与黑方的"将"相对应的就是红方的"帅"。

在某些朝代中，将军是一种正式的武职，而且是制度化、固定化的。相比之下，元帅则不然。"帅"这个字，最早当做动词用，有率领、统率的意思，后来则名词化，指军队的统帅这个同"将"的演变差不多。

但总的来说，在古代武官体系中，元帅一般只是一个临时性的职务，不在正式的官职之列，甚至在很多时候仅仅只是一种习惯性称谓；而将军则基本上是正式的固定官职。从名词所代表的意思上来说，只有一支军队的主将才能称为元帅，其职务相当于总指挥，而军队中的高级将领则都可以称之为将军。这就是说，一支军队元帅只能有一个，而将军可以有很多，这就是帅与将的区别。

军队的行军与征战

军队的行军有很大的学问。行军时要防范对手的突袭，要保护好粮草；营寨的设立也要考虑诸如地形地势等因素。军队的征战则更为重要，因为它不但决定着一场战争的胜负，更可能决定着国家局势的走向。

第一节
军队的行军

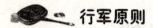

行军原则

战国以前，诸侯割据，相互间作战，几乎不用长途行军。后来随着战争的发展，规模、时间上都有大的变化，军队远离本土作战是经常的事，所以真实意义上的行军，成为整个战争过程中的一个重要组成部分。在没有大量先进的运输车辆和交通网的古代，成千上万的部队要走上征途，乃至高速行军，必须进行一番合理的组织，方能达到预期的目的，因而历代兵家对此十分重视。

确定并按照正确的路线行军，要算是行军的第一要宗。如果由于种种原因而迷失道路，必然会贻误战机，或者陷入绝境，哪怕面前没有一个敌兵，也可能造成极为严重的后果。明初名将李文忠一生战功显赫，可是在公元1372年他率军深入北漠追击元军时，却因"迷失道"，造成"乏水，渴死者甚众"的严重后果。所以，兵家在讲行军时都把"知道路"作为极重要的一环。孙子说，不熟悉山林、险阻、沼泽等地形的，不能行军。不仅如此，他还总结了应该选择怎样的行军路线，避免哪些行军路线，必经险道如何迅速脱离等等。他在《行军篇》中说，军队行军，在通过山地时要靠近有水草的谷地；通过盐碱沼泽地带，应迅速离开，不要停留等。那么，古代军队行军究竟凭什么方法"择路"呢？

一是地图。管子在《地图》篇中，讲了行军必须"先审知地图"，这也是我国最早阐述地图与行军关系的重要论述。在著名的马王堆汉墓出土文物中，有一幅用三色绘成的《驻军图》，比例尺约为八万分之一，是我国已发现的，也是世界上可见到的最古老的军用地图。我国历代都有专门绘制地图的机构，而且自唐代到明代，绘图工作一直是由兵部下属的职方司掌管。古代战争史中，对地图十分重视的例子很多。如汉初名相萧何在攻入秦都咸阳之后，不收金帛财物，专收秦代的地图书册，使后来的汉王"具知天下隘塞、户口多少、强弱之处、民所疾苦者以何，具缘秦图书也"。

二是指南针。我国著名的四大发明之一的指南针很早就用于军事。据说黄帝在涿鹿与蚩尤作战时，就曾以指南车指示方向，驱众展开攻击。在战国时期，就已有"先王立司南以端朝夕"的记载，这里的"司南"就是在平滑的"地盘"上旋转的圆勺形的指南针。我国指南针的普及与发展，正是与战争的实际需要分不开的。北宋，出现了针状的指南针；到了南宋，就出现了

指南针

有方位盘的罗盘式指南针。后来，适应军事上的需求，又创造了人工磁化制造指南针以及制作指南车的方法，对于行军"知道路"有很大帮助。

三是乡导。兵家一致认为："兵行，乡导不可暂无。"孙子说："不用乡导者，不得地利。"特别是在敌占区，"盖入人之境内者，我孤军以进，彼密严而待。渡险则有发伏之虑，涉川则有壅决之忧，昼行则有暴行之斗，夜止则有虚警之挠，顿舍必就薪水，畜牧必依刍草，一事不备，则自投于死，安能获寇哉？"古时选择向导一般有两种对象，或是当地的士著之人，或是敌方俘虏。但无论哪种人，挑选、确定向导，必须"赏之使厚收其心，备之使严防其诈"，主将须千万小心，"必在鉴其色，察其情，参验数人言，委曲相合，乃可信任"。如果这两种对象都找不到，则最好"选腹心智谋之士，挟而偕相出处，密防其贰也"。

为了达到在隐蔽的条件下接近的敌人的目的，古代行军中往往采用避开直捷而平坦的大道，有意选择险道，古代兵家称之为"间道"。间道行军困难重重，无论山水险阻、林木沼泽，都必须抱定"非死战不胜，非迟速不得，非必得不可"的决心，要求部队尽量轻装，极其隐蔽。这种行军必须做一些特殊的准备，除了轻装，淘汰老弱外，还要携带钩、绳、锄锹、斧斤等器具，这样"凡遇峭峻险壁之阻，则以楼梯倚壁，选矫健者手执钩竿，身系二绳索，缘梯并勾木石而上。至平隐处即系绳于木，垂两头至地，系横关为软梯与众军攀援，并续加绳索及追人登之"。很显然，这种行军与一般的行军完全不同，必须进行专门的组织和指挥。

吴起认为，一般行军的基本原则就是不要违反了应进应止的劳逸调节，不要失掉饮食上解决饥渴适宜的分寸，不要用尽了人马的气力，这三件事如能认真执行，就会很顺利地担负起上级所赋的使命而完成它。虽然，他仅把此三条作为行军的基本原则有失偏颇，但他主张行军要掌握速度，注意饮食，留有余力的主张，则突出地反映了在行军中要注意对军队"气"、"力"蓄之、养之、节之的思想。这个思想，历来为兵家所重视，因为进止有节就不会感到劳困，饮食适宜就不致发生疾病，人马之力不竭就不会因生理而怡害心理，从而使部队虽经长途行军，亦能蓄有余气余勇。明代揭暄在《兵经》中说："师贵徐行，以养力也。"《武经总要》卷五也认为"军行在道"。只有对三军的气与力的蓄、养、节均在道，而后才能最高限度地发挥战斗力。古代军队在行军途中注意气与力的蓄、养、节，主要途径是限制日行军速度。那么，古代军队行军为了积蓄力量，究竟保持怎样的行军速度为宜呢？对此，各代因军队装备和技术状况不同而有着不同的规定。先秦时期，基本上以三十里为军队的标准日行军速度，称为一舍之地。《孙子兵法·军争》说："三十里而争利者，其三分之二至。"《韩非子·说林下》也说："吴反复六十里，其君子必休，小人必食，我行三十里击之，必可败也。"在当时的条件下，军队日行三十里，人马都保持有充分的战斗力，队形也不致散乱，因此成为取胜的重要条件。孙子说："军队要是日行一百里，连将军都会丢掉的。"而春秋时期的军队其最高日行军速度是以九十里为限的。《左传》说："其辟君三舍"，三舍即为九十里便是佐证。但轻兵精卒的战国时期情况又有不同。据《史记·廉颇蔺相如传》记载，秦国攻打韩国，赵国大将赵奢在带领军队去韩国的邯郸救援，一天走了30里，到了阏与城，就驻扎下来。秦将大喜，说："去国三十里而军不行……阏于非赵地也。"可见，每天走30里在当时已经变成很可笑的行军速度了。而后，赵奢又"卷甲而趋之，二日一夜至"，在阏与城（今河南省和顺县西北，与邯郸的直线距离是530里）两日一夜走这么远，赵军的日行军速度已接近200里了。这就是说，各级指挥官在偶尔的情况下，也采用急行军，尤其是以骑兵为主的部队，行军速度是可以成倍地增加的。

兵马未动，粮草先行

"兵马未动，粮草先行"，这是流传在人们口中的一句常用语，其实这是我们的祖先从多次战争实践中得出的经验总结。几万、几十万军队出征，人要吃粮食，马要吃饲料，如果没有妥善的安排，不仅必败无疑，还会造成军队的严重损失。

粮草供应，是军队作战的基本保证。早在《孙子·军争》中就已指出："军无辎重则亡，无委积则亡。"相传神农氏留下过这样的一条《教》："有石城十仞，汤池百步，带甲百万，而亡粟，弗能守也。"（《汉书·食货志》晁错《论贵粟疏》引）这一条《教》虽是传说，但却是我们祖先很早就对粮草在战争中的作用给予高度重视的明证。春秋时的大政治家管仲也明确讲过类似的话："地之守在城，城之守在兵，兵之守在人，人之守在粟。"（《管子·

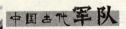
权修》）宋代著名词人辛弃疾，曾是一位"壮岁旌旗拥万夫"的爱国将领，是一位终身不忘收复中原的爱国文学家。他在向朝廷提出的抗战策略《美芹十论·屯田第六》中指出："用兵制胜，以粮为先。"这句话鲜明而通俗地表明了粮草供应在战争中的重要地位，故而在后世长久流传。

以粮草供应为中心的后勤供应从来就是军事行动的重要组成部分，所以自有战争以来，在军队中就必然有人专管后勤。《周礼·夏官》中所列的"挈壶氏"，其职责是"掌挈壶以令军井，挈辔以令舍，挈畚以令粮"，就是在大司马属下负责粮食、住宿、饮水的官员，这是我国古代历史上所见到的最早的后勤官员。随着战争规模的扩大，对后勤工作的要求越来越多，在军队中当然也就形成了一整套以粮草供应为主的后勤保证系统。

对于一支作战的军队来说，后勤供应物资无论从种类还是从数量上看都是不小的。军队人数愈多，供应的数量愈大。在《神机制敌太白阴经》卷五中，曾列有唐代一军人马 12500 人一年中所需要的各种物资，其中单是"人

战马雕塑

粮马料"一项，就需要米 9 万石或粟 20.8 万石，食盐（包括饲马的在内）8800 石，马饲料 22.5 万石，饲草 90 万围。在战争中要保证如此庞大的粮草供应是十分困难的。历史上的多次战争中，有不少次战争胜败的主要原因是由于粮草供应的成败，每次战争中又有若干战役的主要目的是为了自己获得粮草供应或破坏敌人的粮草供应。故而《百战奇略·粮战》说："凡与敌对垒，胜负未决，有粮则胜。若我之粮道，必须严加守护，恐为敌人所抄；若敌人之饷，可分锐兵以绝之。敌既无粮，其兵必走，击之则胜。"在古代的大战役中，三国时的官渡之战就是典型的一例。

东汉末年，北方群雄割据，势力最大的是河北的袁绍。建安四年（199年），袁绍的"精兵十万，骑万匹"，南下攻曹操，双方展开了夺取中原的决战，战场就在今郑州附近的黄河两岸。曹操当时的据点在许昌，部队布防在官渡（今河南中牟县东北）一线。次年九月，双方展开恶战。本来，"操众少粮尽，士卒疲乏，百姓困于征赋，多叛归绍者"，处于劣势。可是，曹操先采纳谋士荀攸的建议，派徐晃猛攻袁绍的"运谷车数千乘"，"烧其辎重"。然后再采纳了叛袁归曹的许攸的建议，以破坏袁军粮草供应为战胜袁军的重要手段，"自将步骑五千人，皆用袁军旗帜，衔枚缚马口，夜从间道出，人抱束薪"，问道奔袭袁军背后四十里的乌巢，这里有"袁氏辎重万余乘"。曹军在曹操亲自指挥下，"士卒皆殊死战，遂大破之，斩（袁绍部将淳于）琼等，尽燔其粮谷。""于是绍军惊扰。大溃……冀州城邑多降于操"（《资治通鉴·汉献帝建安五年》）。这一仗，曹操以 2 万人消灭了袁绍 7 万人。从此，袁绍一蹶不振，曹操则奠定了中原霸主地位。由于没有粮草供应而遭到失败的战例在历史上可以说举不胜举，

战国末年，秦败赵军的长平（今山西高平县西北）之战，曾创造了"前后斩首虏四十五万人"的惊人的记录。赵军之所以如此惨败，在战术上的直接原因，就是由于秦将白起以"骑兵二万五千人绝赵军后，又一军五千骑绝赵壁间，赵军分为二，粮道绝"。秦军进一步加强兵力，"遮绝赵救及粮食"，以至造成了"赵卒不得食四十六日，皆内阴相杀食"的惨状，最后才出现了被活埋、被杀 45 万人的罕见大败（见《史记·白起王翦列传》）。

秦朝末年，秦军最大的一次败仗，也是促成秦朝迅速败亡的一次败仗，是著名的巨鹿（今河北平乡西南）之战。公元前 207 年，各路反秦军队以项

羽指挥的楚军为中心，与章邯、王离指挥的秦军会战于巨鹿。项羽在会战一开始，就派军绝"章邯甬道（甬道是秦军专门修来运送粮食的两侧有土墙的通道），王离军乏食"。正是由于秦军乏食，人心涣散，项羽军才得以以破釜沉舟之气概，"围王离，与秦军遇，九战，大破之"（《资治通鉴·秦二世皇帝三年》）。

正由于粮草供应在战争中的作用是如此之大，故而有无粮草就成为军心是否稳固的重要因素之一。有粮草，军心易固；无粮草，军心自散。

对于一支军队来讲，要保证后勤供应，应从多方面进行努力，古人对此总结为"谋之者不竭，运之者必继，护之者惟周，用之者常节"（《兵法七种》卷中《兵法圆机》）。这其中重要的问题一是开源，一是节流。所谓开源，就是尽可能地增加后勤供应的来源和输送渠道，使军营中有充足的军需物资。所谓节流，就是指军队的主将要深知供应之艰难，在前线力求简朴，节约开支，而且要"常节"。例如宋代岳飞在多年的战斗生活中，就一直以简朴著称，衣布衣，食素食，若有荤菜也只用一味。对自己的儿子和部下大将也都从严要求，在战斗间歇还要从事农活。岳家军能有这种简朴的生活作风，就可以大为减轻后勤工作的压力，使部队得到比较稳定的物资供应。关于古代战争中耗用后勤物资的可供比较的材料不多，但我们在《圣武记》卷十一中可以见到一则很能说明问题的对比材料。乾隆年间远征新疆，"辟地二万余里"，五年间共用银三千万两。可是，在四川平定大小金川之战，行程仅有千里，时间也是五年，却用去七千万两。到嘉庆年间，清军为镇压四川、湖北、陕南的白莲教起义，时间7年，更花费白银超过一亿两。为什么呢？乾隆时征新疆，"军中大帅，惟供肉一截（即一大块），盐酪数品"。可是"川楚之役，则诸将会饮，虽深菁荒麓间，蟹鱼珍错，辄三四十品，而赏伶犒仆之费不与焉。凡粮台地，玉器裘锦成市，馈献赂，遗赌博，挥霍如泥沙……糜费耗蠹，为从来所未有"。在如此挥霍之下，军饷所费之巨，后勤供应之苦，当然是可想而知的。所以，在讨论后勤问题时，千万不能忘记尽力保证供应的同时，还必须注意"用之者常节"。

鼓、金与行军

"渔阳鼙鼓动地来，惊破霓裳羽衣曲。"这是唐朝诗人白居易《长恨歌》中的著名诗句，反映的是安史之乱爆发，打破唐朝表面上的繁盛太平景象，叛军队伍正浩浩荡荡从渔阳经河北向长安杀来。诗句中的鼙鼓就是指行进中的军旅。"鼙鼓"也作"鞞鼓"，是古代军中常用的打击乐器，包括大鼓和小鼓，是进军时用来鼓舞士气的。《礼记·乐记》中就有记载，称"鼓鼙"："鼓鼙之声讙，讙以立动，动以进众。君子听鼓鼙之声，则思将帅之臣。"意思是军中的大鼓和小鼓一齐奏响，是动员士众进军的信号，君子听到鼓鼙之声，就要服从将帅的指挥。后来，鼙鼓也成为军旅中战鼓的通称。

在中国，鼓的产生年代久远。据《礼记·明堂位》记载，上古伊耆氏时，即有"土鼓"，也就是陶制的鼓。但是，鼓的发明当在发明制陶以前，陶鼓的出现，反映了制鼓技术已十分成熟。鼓的声音激越雄壮而威远，故古人早就将其作为军阵的助威之器。然而，追溯鼓产生的根源，当是原始人狩猎御兽时用发声方法以惊吓、驱赶野兽之俗的演变。古人最初是敲击树杆，继而以空心木蒙以兽皮敲击发声，逐渐形成鼓的形制。有人认为陶鼓产生于木鼓之前，恐怕未必是历史的事实。相传在黄帝征伐蚩尤的涿鹿之战中，"黄帝杀夔，以其皮为鼓，声闻五百"，表明原始社会后期的部落战争，已经使用军鼓。鼓的历史和军旅的历史是紧密联系在一起的，后来才由军中流行到社会的其他方面。

关于鼓的比较可靠的记载，自殷代就有了，甲骨文中不但有"鼓"字，而且还有象征鼓声的"彭"字。到西周，据说已专门设置了"鼓人"官职来管理制鼓、击鼓等事。《周礼·地官·鼓人》一篇中，记述了鼓人所管理的各种用途的鼓，如祭

军用战鼓

祀用的雷鼓、灵鼓，乐队中用的晋鼓等。当时专用于军旅的称作"鼖鼓"，按周制长八尺，鼓面四尺，两面均蒙以皮革。击鼓之法，古今有别。今天人们击鼓多半将鼓面与地面平行，击鼓之人挥动鼓槌自上而下击鼓；而古代击鼓则是将鼓面按垂直于地面的方向，把鼓置于架上或安置于鼓车上，击鼓人与鼓相向而立，高举双手而击，其形象则更为威武。

周秦以后，鼓之形制变化不大，但种类很多。明代何良臣《阵纪·技用》记载鼓的类型有铜鼓、桄鼓、鼙鼓、杖鼓、鼗鼓、鼍鼓之类，其大小、材料、纹饰各不相同。在军旅中，战鼓除了可以起到鼓舞士气的作用之外，更主要的是和金、角相配合，起到指挥信号的作用。鼓声的不同表示军事行动的差别，但总的来讲，鼓声是进攻的信号。《管子·三官》曰："鼓，所以往也，所以起也，所以进也。"著名的"曹刿论战"也有"一鼓作气"的说法。"鼓"就是击鼓指挥士卒前进。不但在战场上击鼓指挥士兵前进，就是在平日里行军，鼓声也是表明行进的信号。古时行军，击鼓则进，鸣金则止，因而称行军为"鼓行"。如《周礼·夏官·大司马》曰："车徒皆作鼓行。"又如

金錞

《尉缭子·经卒令》："鼓行交斗，则前行进为犯难，后行进为辱众。"鼓声的不同，也能体现军事行动的区别。例如，在春秋战国时期，进攻敌国有"伐"、"侵"、"袭"之别，一般而言，正义的战争称"伐"；非正义的战争称"侵"；乘人不备而突然进攻称"袭"。这三种情况不同的进攻，在战鼓的运用上是不一样的：大肆击鼓而进的是"伐"；鼙鼓无声的为"侵"；鼓声轻微的叫"袭"。当然，这种提法也是后世儒家的阐发或附会史传之言，实际战争并不一定有如此统一的击鼓规则，至少从汉以来并没有

这些繁文缛节，当然，也不能就此排除军鼓声音强弱和敲击次数所起的不同作用。

在军队宿营时，鼓和角除了可以用来传号令以外，还可以用来报时、警众。马端临《文献通考·乐考》中引《卫公兵法》曰："军城及野营行军在外，日出没时挝鼓千槌，三百三十槌为一通；鼓音止，角音动，吹十二声为一迭；三角三鼓而昏明毕。"军营中的鼓角之声就是提醒将士戒备的信号，一旦鼓角声发生变化，就表明有异常情况发生，军中可以迅速作好应战准备。

金作为古代军旅中的指挥信号用具，和鼓一样，起着统一全军行动的作用。《吕氏春秋·不二》云："有金鼓，所以一耳。"高诱注疏曰："金，钟也。击金则退，击鼓则进。"可见，总的来说，鸣金的作用，是指挥部队坚守、退却、免战，所以《管子·三官》说："金所以坐也，所以退也，所以免也。"《荀子·议兵》也说："闻金声而退。"这种闻鼓而进、闻金而退的规定，当是古人在长期的战争实践中约定俗成的，逐渐形成了指挥信号的传统模式，代代相传。直到今天，我们在日常生活中，还惯用"鸣金"或"鸣金收兵"来表示某个竞赛已经结束。

古代军中的金属乐器一般都为铜制，根据其形制或作用，又有不同的名称，通常使用的有所谓"四金"，也就是"金錞、金铙、金镯、金铎"。《周礼·地官·鼓人》记载了鼓人掌四金音声的职能，以及四金不同的用途。

錞，也称錞钅于，形状呈椭圆筒形，肩围宽大，腰围以下收小，平顶有钮，其钮多作虎形或马形，可以悬挂起来敲击。錞以黄铜制之，呈金黄色，但表面多半无纹饰。其功能除了可以指挥士卒进退以外，还可用于奏乐，与鼓音相和，即《周礼》所谓"以金錞和鼓"。其实，錞在春秋时期才出现于中原，两汉时期盛行，到南北朝时又逐渐失传。所以，对錞的演奏形式，历代记载纷纭。所幸的是，在云南晋宁石寨西汉时期的古墓中，出土了一件铜贮贝器，上有两人合扛一木，下悬一錞一鼓，另有一人执锤敲击的画面，使我们得以认识当时演奏錞、鼓的生动场景。

铙的形状如铃，体短而宽，无舌，有中空的短柄，使用时，以手执柄，铙口朝上，另一手以槌敲击作响，一般以青铜制成。它的功能，按《周礼·地官·鼓人》的说法是"以金铙止鼓"，也就是在需要退军的时候，先鸣铙，

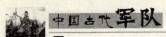

让进攻信号鼓声停下来，再指挥士卒撤退。《周礼·夏官·司马》则说，"鸣铙且却，及表乃止。"郑玄注曰："铙所以止鼓，军退，卒长鸣铙以和众鼓人，为止之也。"可见，铙是用于指挥鼓声的信号物。铙响鼓停，表明进攻暂停。

铎的形状和铙相似，但体积更大，有舌，其舌有木制和铜制两种，以木为舌的称为木铎，以铜为舌的称为金铎。使用时执其柄而摇之即可发声。从其功能来说，古时宣教政令时，用木铎以警众，所以文事用木铎，而武事则用金铎。逢军队作战之时，要击鼓以励士气，在击鼓之前，又必先振铎整军束众，振铎之后，诸鼓齐鸣。这就是《周礼》中所说的"以金铎通鼓"，其目的是使战鼓的节奏一致，利于统一士卒进攻的步伐，所以，铎的功能正好和铙相反。

镯其实就是钲，又名丁宁。《周礼·地官·鼓人》："以金镯节鼓。"郑玄注："镯，钲也，军行鸣之，以为鼓节。"它的形状也似铃，《说文解字》认为钲"柄中上下通"。清代学者段玉裁注解这句话的含义，以为钲像铃，但没有舌，靠柄的上下活动，撞击钲中心壳体发出声响。镯最初也是和鼓相配合，控制进军节奏的一种军乐器。后世镯的名称逐渐被钲所取代，金钲之声更多地用于指挥军队停止前进或停止进攻。如《汉书·李广传》附李陵传："闻鼓声而纵，闻金声丽止。"唐人颜师古注曰："金，谓钲也。"可见，至迟到唐代，金与钲都是指挥军士停止行动的信号物，这与上古之世"四金"与鼓相配合而用于进攻行动的功能是不一样的。总起来说，金钲之类的打击乐器，在古代军旅活动中具有制约行动、调节行止的作用，金钲之声并不单纯是收兵、撤退的信号。

营寨的选择

任何军事行动，总是有行有止，既要重视行军，也要注意宿营。战争期间，部队不可能居住在原有的营房中，那么，住于何处？如何住宿？如何保证住宿的安全？这是战争中必须解决的实际问题，也是对古代将帅的指挥组织才能的一种检验。古人常说"止则为营，行则为阵"，故常以"营阵"两字来概括整个部队的布置。作为一军主将，安排营寨事务应当与安排作战阵势一样地重视，一样地下功夫。三国时期，正当蜀汉军队与曹魏军队在渭水以南相持时，蜀汉的统帅诸葛亮突然病死于五丈原（今陕西岐山县南），全军只得后撤。蜀汉军队撤离之后，魏军统帅司马懿率军尾追，当他追到蜀汉军队的"营垒处所"时，不由得发出对诸葛亮的赞叹："天下奇才也"（《三国志·蜀书·

营寨遗址

诸葛亮传》）。很明显，司马懿在这里所赞叹的就是诸葛亮在布置、修筑营寨方面的卓越才能。诸葛亮本人对自己在这方面的才能也是颇为自负的。《三国志·蜀书·诸葛亮传》注引《汉晋春秋》载，诸葛亮伐南中，生擒孟获。为了使孟获降服归顺，特地带孟获"使观于营阵之间，问曰：'此军何如？'获对曰：'向者不知虚实，故败。今蒙赐观看营阵，若只如此，即定易胜耳。亮笑，纵使更战，七纵七禽"。诸葛亮是否真的"七擒"孟获，这是另一问题。但就他特地让孟获观看自己的营阵以示军威，孟获从表面上观看认为"只如此"，交战时却又偏偏不能胜。由此可知，诸葛亮在立营布阵上确有自己的独到之处。

营寨是古代战争中除城池以外的营垒、栅寨及其他保障军队安全的防护设施的统称，它不仅是部队的宿营地和指挥部，是保障部队休息的安全庇护所，是储备粮草器械的野外供应站；也是扼守战略要地、阻止敌人推进的军事据点。就是说，它既是"自固"之所，又是"扼敌"之所。虽然它的"自固"与"扼敌"的功能在防守阶段不如城池，但在广阔的战线上，特别是在进入敌境后的进攻阶段，并非处处均有城池，而需要在更多的地方占据有利的地势建造营垒，使军队在列阵作战时有所倚托，使军队在驻扎时不失保障。所以，前人在论述汉代名将赵充国与西羌作战的致胜之道时，说他"行必为战备，止必坚营垒"（《汉书·赵充国传》），这确是两条重要的经验。正由于营寨之事对军队作战极为重要，所以古代还设有管理营寨修建等事的专门军官，如汉代就有"垒尉"，其职责就是"主垒壁之事"（《后汉书·光武帝纪上》）。建营立寨的首要问题是选择最适宜的地点，这就是历代兵家所反复强调的"下营之法，择地为先"。如何选择营地呢？早在《孙子兵法·行军》中就专门论述过这一问题："凡军好高而恶下，贵阳而贱阴，养生而处实（指便于生活而地下坚实，无水泽），军无百疾，是谓必胜。丘陵堤防，必处其阳而右背之，此兵之利，地之助也。"这里他着重强调了两点：要居于较高之处或背靠较高之处，便于防御敌人的进攻，又便于发起对敌人的进攻；要居于向阳与高亢之处，有利于士兵的身体健康。《吴子兵法·治兵》中也有类似的内容。比较全面的论述，则见于《武经总要》卷六和《草庐经略》卷六，归纳起来，古人立营择地，主要是从三个方面考虑的。

第一是要考虑战事的需要。若是较为长期的营寨的设置，不外乎两种目的，一是在于"自固"，一是在于"扼敌"。从前一目的出发，就应"踞高山，择要隘"，立营于险阻之地，使敌人难以攻击；从后一目的出发，则应择"四通之地"，在水陆交通要冲立营，使敌人无法通过。如果是一般的驻军营地，地形也应"择胜地"，最好是"背山险，向平易"，万一敌人来攻，就可以使自己处于易于防守与出击的地理位置。

第二是要安全。若无特别的需要，地势应是"勿居卑湿，以防水攻"。特别是夏天，"居高以防暴水"，尤为重要。周围不能有荆棘草丛，"恐有潜袭，或被人烧"。但若有树林，则是可居之地，因为树林不致轻易延烧，而且有利于防守。"不居冢墓间"，不居"久无人居"的废墟，"不居下湿"，这样可以避免疾病流行。

第三是要有给养的保障，这又包括粮食、草料、燃料与饮水四个方面，而其中最关键的是饮水，所以古代兵家在强调粮食的接济、马匹的放牧之时，特别强调"不居无水及死水"之地，最好要能"就水草"而居。"乏水无草，谓之天灶"，是军队的绝地。《神机制敌太白阴经》卷五甚至认为，行军之时，应当派出人员"先探井泉水草"，然后方能进军。书中还总结了从哪些地方找水的经验："沙碛卤莽之中，有野马黄羊之踪，寻之有水；乌鸟所集处，有水；地生葭苇、菰蒲之处，有伏泉；地有蚁壤之处，下有伏泉。"但是，水泉并非随地可以找到的。为了使军营能置于易守难攻之地，又能得到饮水供应，我们的祖先曾做出了很大的努力，其中最突出的是"渴乌"的利用。《通典》卷一五七载了军队中"渴乌隔山取水"之法："以大竹筒雄雌相接，勿令漏泄。以麻漆封裹，推过山外就水。置筒入水五尺，即于筒尾取松桦干草当筒放火，火气潜通水所，即应而上。"这是应用物理学上大气压力的原理和空气遇热膨胀的原理而制造的虹吸管。我国在东汉末年出现了灌溉用的虹吸管，被称为"渴乌"（见《后汉书·张让传》），以后又称"渴乌"、"注子"、"偏提"、"过山龙"、"漏"等，这是我国古代物理学史上的杰出成就。至晚在唐代，即已用于军队供水，而且能"隔山取水"，成为我国古代战争史上的一大成就。历史上因立营下寨失误而导致败绩者，例子不少，最有名的莫过于马谡失街亭。据《三国志·蜀书·王平传》载，公元228年，蜀汉大将马谡在诸葛亮指挥下，任先锋，出祁山（今甘肃礼县东）与魏将张郃战于街亭，"谡合水上山，举措烦扰"。王平认为择地不当，"连规谏谡，谡不能用，大败于街亭"。诸葛亮不得不将马谡处以极刑，这就是有名的"挥泪斩马谡"的故事。马谡之失误，就在于未考虑水源。公元37年，东汉名将马援征西羌时，"羌在山上，援军据便地，夺其水草，不与战，羌遂穷困，豪帅数十万户亡出塞，诸种万余人悉降，于是陇右清静"（《后汉书·马援传》）。这一次大胜利，也是因羌人军队立营于山上，被营于"便地"即方便有利之地的马援断了水草而造成的。

五代时，朱温派庞师古渡淮攻杨行密，"师古营清口，地势卑。或请就高为栅，师古以非太祖命，不听"。结果被对方决开淮河，"水至，兵不能战，遂见杀"（《新五代史·庞师古传》），这是立营"其地卑下"而被水淹的战例。与此相反，也有因善择地立营而避免水淹的战例。如唐高宗时，大将裴行俭率军三十余万讨突厥。"大军次单于北（指单于都护府之北），暮，已立营，堑壕既用，行俭更命徙营高冈。吏白：士安堵（即已安居），不可扰。不听，促徙之。此夜风雨暴至，前占营所水深丈余，众莫不骇叹。"（《新唐书·裴行俭传》）

元代初年，元军大将史天泽、撒吉思不花率军与金兵战于归德（今河南商丘南）。撒吉思不花"背水而营"，史天泽认为不妥，并劝说道："此地岂

驻兵之地乎？彼若来犯，则进退失据矣。"撒吉思不花不听，结果在金兵攻击下，"全军皆没"（《元史·史天泽传》）。这是不择驻兵之地，背水而营，自居于险地而失败的突出一例。

古代的预备队

预备队是由军队指挥官掌握的机动作战力量，一般在战斗开始时不参与战斗，而是待战场形势发生变化或形势危急时才将其投入作战，集中使用于具有决定意义的方向或地域，以夺取战斗的主动权，或者扭转被动局面。

公元前597年，当时最强大的两个诸侯国晋国和楚国，在郑国的邲（今河南荥阳东北）展开了一场大战，以争夺中原霸主的地位。这场战斗基本上按照春秋时期普遍的作战方式，双方都列成三个方阵，进行正面决战。不过在战斗中，楚国国君楚庄王玩了个心眼，他命令大夫潘党率领40辆战车为"游阙"，以加强左翼的进攻。这里"游阙"就是一支机动部队，起到了预备队的作用。邲之战最终以楚军的胜利告终，这是古代最早关于战斗预备队的记载。

预备队并不是二线部队，也不是实力不行的部队，而是要在关键时刻才投入战场，以发挥重要作用的部队，所以一般来说，预备队往往要由军中战斗力较强的部队来担任。从史书记载中看，这一思想在春秋时期就已经体现。"游阙"是由当时的主力突击兵种——战车来担任的，而战车就是当时战斗力最强的兵种。

第二节
军队的征战

军队的出征

古代，视率军队出征的将帅为"生民之司命，国家安危之主"。所以，将帅在接受皇帝的出征命令时，必须举行颁授斧钺的隆重典礼。兵书《六韬·龙韬》中，就较为具体地描述了这种仪式的内容及程序：国君命令太史钻灵龟以卜吉日，并率群臣斋戒三日。到了吉日，国君先进太庙（祖庙），面西而立。然后将军入庙，北向而立。授权仪式开始，君主手持钺（大斧，权力的象征），把柄递给将军，说："从现在起，上至高天，都由你统领管辖。"然后，又拿着战斧，把斧刃一端交给将军，说："从现在起，下至于深渊，都由你统领管辖。"将军推让三次，而后受命。授权后，君主往往还有一段训词，向将军交待若干问题。内容大致是：将军用兵，见到敌人虚弱之处则进攻；见到敌人坚强之处则停止。勿以三军众多而轻视敌人，勿以受命深重而期必死；勿为自己位高而轻视他人；勿以一己之独见而违背众心；勿以辨给之言为合理而偏听。士众未坐，不可以先坐；士卒未食，不可先食；严寒酷暑，必与士众同其甘苦。如此，则士众必能尽其力以听命。

然后，将军再行大礼，也要向君主表明心迹。其大致内容是：臣听说一国之事，经纬万端，错综复杂，决断处理在于国君一人，不能受外面的干预而治国。军中之事，戎机万变，决断处理在于主将，不可能受朝廷中枢的遥制而作战。臣我若怀有贪生怕死之心，则不可能事奉国君；国君你若怀有犹豫不定的疑虑，则不可能应敌。现在我既然接受你国君的命令，得到斧钺和决断军机大事的重权，我决然以死报国，不敢希望生还。但是，也希望国君

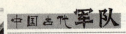

既然重权托付于我，也要给我独断专行的权利，要是国君不答应这一条件，我就不敢接受这种命令，承担这个责任。待到将帅传兵出征之日，国君甚至还要"跪而推毂"（即跪着推车轮），说："城门以内，由我制之；城门以外，由将军负责，军功爵赏你都可以专断，凯旋回来时奏明就是。"

上述一系列仪式，一方面以一种庄重、威严的形式向三军将士宣告将军的权威，有利于将军行使号令部队的职权；另一方面也是国君向将军表示信任，增强其责任感，赋予他独立、机断处理行军、作战的权力，使其谨慎行事，忠于职守。

从远古时代开始，由于生产力低下和科学技术落后，相信宇宙间有鬼神的人长期是占多数的。他们赋予万物以"神灵"，而且这些"神灵"既能施恩于人类，又能加害于人类。所以，人类都祈望把这种"异己"的力量，通过信仰的形式和手段，转化为"顺己"、"助己"的力量，"祭师"（亦"兵祷"）就是企求神灵能发挥一点人类不可能抗拒的巨大威力，帮助自己在战争中获胜，让敌人在争战中失败。

"祭师"，在先秦时就已基本上成为制度。

《礼记·王制》载："天子将出征，类乎上帝，宜乎社，造乎祢，祃于所征之地，受命于祖，受成于学。"这里的"类"、"宜"、"造"、"祃"，都是不同的祭祀的名称。"社"是土地神，"祢"是父庙，"祖"是祖庙，"学"是供有战神的学宫。由此可见，祭祀的范围是相当广泛的，天神、地神、祖神、战神都祭到了。

《墨子·迎敌祠》中，还专门记述或者说规定了师祭的方式、内容："如

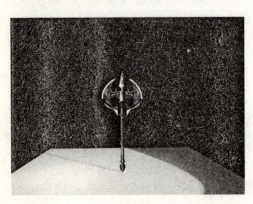

军用战斧

果敌人从东方来，则在东面立一祭坛，坛高八尺、深八尺，选年满八十的八个老人主祭。做八面青旗，立八尊八尺高的青神，置强弩八张，各射八发而止，主将着青服，献之以鸡（属于本畜）作供品；如果敌人从南方来，则在南面立一祭坛，坛高七尺，深七尺，选年满七十岁的七个老人主祭。立赤旗七面，立七尺长的赤神七尊，置强弩七张，

各射七发而止，主将着赤服，献之以狗（狗为南方之牲）为供品；如果敌人从西方来，则在西面设坛，坛高九尺，深九尺，选年满九十岁的九位老人主祭，立白旗九面，立九尊高九尺的素神，置强弩九面，各射九发而止，主将着白色素服，献之以羊（羊是西方之牲）为供品；如果敌人从北方来，则在北面设坛，坛高六尺、深六尺，选年满六十岁的六位老人主祭。立黑旗六面，立六尊高六尺的黑神，置强弩六面，各射六发而止。主将着黑服，献之以彘（属于水畜）为供品……"

祭师是古代战争中十分隆重而严肃的大事，历来都有一套细致的规定与繁缛的仪节。据《武经总要》卷五《军祭》所载，根据宋真宗咸平年间的规定，只是祭祀的对象，在战争开始之时，就包括祭天、祭地、祭黄帝、祭军旗、祭战鼓、祭风师、祭雨师、祭马祖、祭道路。出征之后，则"凡遇名山大川，百神祠庙，皆遣官以酒脯祭告"。为了便于各军将帅在致祭时节省时间，古代一些兵书都将"师祭"中所需用的各类祭文的范本收录其中，以备采用。

《武经总要》卷五中的《军誓》中讲："今之出师，凡将发及战，主帅当亲临士众明布誓言，使在下无不闻者感激众志，然后行也。"这里说的就是军

祖庙

队在开赴前线之前必须"誓众"（或叫"军誓"）。这也是古代军队征战过程中的一项制度。

《神机制敌太白阴经》卷三及《练兵实纪》都说到，为了齐一心力，振奋士气，申明军法，早在夏、商、周时代，每有战事，必须举行"军誓"。

《尚书》中有不少属于军誓活动的记载。如在《大禹谟》里，有大禹出师时在队前的誓师动员讲话。

《汤誓》中记叙了成汤针对本国民众因未身受夏桀暴虐之苦的情况，进行战前动员的情景；在三篇《泰誓》和一篇《牧誓》中，不仅记载了周武王姬发动员他的"西土之民"讨伐商纣王的讲话内容，而且相当详尽细致地记述了当时现场情景。

《神机制敌太白阴经》卷三中，还专门开列了一份军誓中的"誓众文"范本。文中的大意是：某将军告诉尔等全体官兵，今敌军进犯，边境不宁，国家有危难，皇帝授我斧钺之权，委我将军之重任，我希望全体官兵此次征战中争"进死之荣"，决无"退生之辱"，服从命令，听从指挥勇敢杀敌立功者受厚赏，不严守军令，不能勇敢进击或贪生怕死者受重罚。下面我宣布本军军法：一支军队失去主将者皆斩；军队失去军旗、斧钺及符节者，连队皆斩，敌人从军中夺走此物同罪；见邻军有难不相救者斩，见邻军受敌所逼不相助者与之同罪；在军中滥传讹言，妄说阴阳卜筮者斩，在军中装神弄鬼，妄说灾祥者与之同罪；无故惊扰部队者斩，在军营中狂呼乱叫妄称有贼至者与之同罪；随意遗弃军事器械、装备者斩，不能妥善保管、经常检查致有损坏者与之同罪；军人之间相窃盗，不计物体多少皆斩；将吏处事不公，假公济私或公报私仇者斩；军中官兵之间以强凌弱，打架斗殴、肆意酗酒喧哗，恶骂无礼而又讲不出道理的斩，因公宴集者除外；军中随意奔车走马者斩，将军以下乘骑并步入军营者与之同罪；破敌后不守纪律先事虏掠者斩；担任警备任务违时失号者斩；不听从将吏差遣者斩，而将吏处事不公不平者与之同罪；侵扰百姓，外出奸宿或将妇女携入军营者斩；违将军一时一令者皆斩。希望尔等用心听命，勇敢进击。

古代军队征战前，布告全国，列举敌国的种种不义行为、暴虐罪行，表明自己恭行天意、民意去讨伐的意义和决心，或者是调集各路人马，商讨会同作战的地点、日期等事宜所采用的征召、晓喻和声讨的文书，就称为檄书。据史载，檄书开始于周穆王，周朝末年穆王为讨伐狄人，令人作威严之词，斥责狄人施暴虐、犯边境的行征，这就是檄书的开始。檄书可分为两种，一种是开列敌方罪状以会盟、会师的讨伐文字。如《三国演义》第五回曹操在陈留宰牛杀马，大会诸侯，设盟以讨汉贼董卓的盟文，就是这种檄书。另一种近似于作战命令。兵书《司马穰苴兵法·仁本》中也讲到，周天子在按年例行的各地巡察采访，以及召集诸侯集会时，如果发现诸侯国中有违纪作乱的、违背道德不奉正朔的、嫉功害贤的诸侯国君，就要通告其他诸侯，公布他的罪状，并告天上的上帝、日月星辰，默祷子地神、四海神、山川神社的前面，让天下人以及诸神都知道，然后调集军从去讨伐。这种讨伐令就是一种檄书。

营寨的攻防

营寨一般都设在前线或要害之地，营中集聚着人马，因此是敌方进行攻击特别是进行夜袭、火攻的主要目标。所以，考虑营寨的择地、营式与修建，首要的问题就是尽可能保证营寨的安全。除上面已谈到的几个方面之外，在营寨内外，应尽可能"外开壕堑，内设壁垒，外布蒺藜竹马，深栽鹿角，垒土立栅，守以强弩……出入俱听号令，验实方行。营门之外，或以事至，俱止三百步之外，审真伪，待将令，方许入。守门之士，持刀彀满（即张着弓）以待，恐奸细因而闯入。至于昏夜，御备尤严"（《草庐经略》卷六）。至于必须在四周安排警戒，向远方派出侦谍，保持与后方的联系，营内要每日变换联络的口令等等，那当然更应在主将的考虑之中。例如明末农民起义军，凡是"扎营，每队必派一人上屋角嘹望，如无屋，必在高阜处。若见动静，高叫传塘马"，"顷刻至百里外"（《平寇志》卷六）。

古代治军，凡军营都有营规营法，不得违犯，其目的主要也是为了军营的安全。如《武备志》卷九十五说："营以合众，规必先焉。"历史上军营管理最著名的大将是西汉的周亚夫，他在细柳营治军的故事千百年来被人们所传颂。

唐太宗贞观十年（636年）十一月的一天夜晚，唐太宗为皇后的丧葬问题，并未派正式的使者持军符令箭，而是派太监持他的手令去段志玄和宇文士及两位将军的军营。"士及开营内（通纳）之；志玄闭门不纳，曰：'军门不可夜开。'使者曰：'此有手敕。'志玄曰：'夜中不辨真伪。'竟留使者至明。帝闻而叹曰：'真将军也'。"（《资治通鉴·唐太宗贞观十年》）这是军营

军队营寨

中法令纪律严明的又一段佳话。

营寨的防守，对于筑城式的军营来说，其情况与城池的防守相似，对于木栅围成的军营，最怕的是火攻，如唐代名将马燧在平定田悦的叛乱时，就是命军士"推火车"将敌方的两个"坚栅"营垒烧毁（见《新唐书·马燧传》）。宋初，潘美攻击岭南的刘铱，见到刘铱军营俱用竹木栅为之，就布置诸将说："彼编竹木为栅，若攻之以火，彼必溃乱，因以锐师夹击之，万全策也。"然后命令"丁夫数千人，人持二炬，间道造其栅。及夜，万炬俱发，会天大风，火势甚炽"；结果是"铱众大败，斩数万计"（《宋史·潘美传》）。在毫无准备的情况下，栅营是很难抵御敌方火攻的。若要取胜，就必须将敌军阻挡在一定的距离之外。当然，也有一些计划周密的将帅在建营时就做了防火攻的准备，届时不会被火攻所败。如南朝刘宋元嘉年间，沈庆之率军与南新郡（今四川剑阁一带）幸诸山的"犬羊蛮"作战。"庆之连营山下，营中开门相通，又命诸军各穿池于营内，朝夕不外汲，兼以防蛮之火。顷之风甚，蛮夜下山，人提一炬以烧营。营内多幔屋及草庵，火至辄以池水灌灭，诸军多出弓弩夹射之，蛮散走"（《宋书·沈庆之传》）。这是古代战争中以帐幕草庵为营而能战胜敌方火攻的罕见一例，原因就在于在修筑营寨时就做了周密的准备，使自己立于不败之地。

对于各种临时性营垒，基本上没有有效的防御措施，所以最大的威胁莫过于夜袭。历史上夜袭敌营取得巨大胜利的战例很多，如春秋时越军在笠泽大败吴军，东汉时马援攻破先零羌，三国时曹操败张鲁，唐代李世民攻突厥颉利可汗，南宋时岳飞在广德大败金兀术等。

对于驻于营寨中的守军，如果没有可供抵御敌军的壁垒的话，最关键的防御办法是广布耳目，远派哨兵，并在营中设置"地听"，探听到敌军的动向后，根据具体情况或主动地迎击来犯的敌军，或率军做紧急的转移。总之，要尽力避免在措手不及时，被敌军包围在营寨之内打被动的防御战。如果有所准备，不但可以避免被夜袭，反而可以将计就计，破坏敌军的夜袭，打个漂亮的伏击。如《虎钤经》卷四所说："经营之地，夜于营数里四围，各以劲勇之士伏强弩利盾，多列鼓鼙，有贼遽发，击鼓为号。贼击卫兵，则中营出劲兵援之；贼击中营，则四面夹攻之；中营坚阵，坐以俟变而已。"在古代，这种成功的战例不少。例如，公元301年，西晋的平西将军罗尚在川西镇压李特所领导的流民大起义。一天夜间，罗尚派曾元、田佐等"潜率步骑三万袭特营"。此事被李特侦知，"特素知之，乃缮甲厉兵，戒严以待之。元等至，特安卧不动。待其众半入，发伏击之，杀伤者甚众，害田佐、曾元、张显，传首以示（罗）尚"（《晋书·李特载记》），取得了这一役的全胜。北宋初年，宋军围攻南唐李煜于金陵（今南京）。李煜"夜遣兵数万，持炬鼓噪来犯"宋军。宋军早有准备，宋将潘美"率精锐以短兵接战"，南唐军队还未抵达宋营，就被消灭（见《宋史·潘美传》）。1640年12月，张献忠农民起义军由四川泸州抵达成都城下，明军想趁张献忠立足未稳之时进行夜袭，就派"千余骑夜捣贼营。贼预取土像数百置帐中，四面悬灯而潜伏暗处。千骑望灯而趋，大呼直入，则所劫者，土像也。急退，而贼众四合，歼僇无孑遗"（文秉《烈皇小识》卷六）。很明显，张献忠已得到了明军夜袭的准确情报，所以布下了这一场口袋战，取得了这一役的全胜。

军队作战的阵法

春秋后期，著名军事家孙武来到吴国，向吴王阖庐献上他的《兵法》13篇。阖闾读了以后却问孙武："你的兵法可以用来训练军队吗？"孙武说："当然可以。"于是吴王让他以兵法训练宫女。孙武将180名宫女分为两队，以吴王最宠爱的两人为队长，集合起来讲解怎样前进、怎样后退。这些宫女听了，都说："知道了。"于是，孙武击鼓传令，可是宫女们大笑不止，毫不理会他的命令。孙武说："纪律不明，士兵不熟悉号令，这是将军的过错。"于是重申了一遍军纪号令，又问宫女们："明白了吗？"答曰："明白了。"可是击鼓时，这帮宫女还是嘻嘻哈哈，不理不睬。孙武说："号令已明而士兵不奉法，是吏士的罪过。"他命令将两名队长推出斩首。吴王得知，赶快派人求情说："寡人已知道将军善于练兵了，饶了她们吧，否则，寡人吃饭也吃不下了。"可是孙武说："将在军，君命有所不受。"还是果断地杀了两名队长。接下来再操练队列，宫女们再也不敢怠慢，都按指令进退、变化队形。这个故事说明古代十分重视作战队形的操练，平时部队的队形操练就是按实战要求进行阵法演习的。

古代的作战队形称作阵，队列形式的组合变化规则就是阵法。在冷兵器时代，只要是有组织的武装对抗，就不会是一哄而上，各自为战，于是就有了阵和阵法。相传，早在伏羲氏时，就有了"积率五军阵"，也就是模仿天上积率星的12颗星的位置排列组成；又传说是黄帝发明了八阵图，黄帝八阵是指车厢洞当车、车工中黄阵、乌云鸟翔阵、折冲阵、龙腾却月阵、雁行鹅鹳阵、车轮阵、飞翼浮沮阵等；此后又有所谓风后演成的握奇阵。这些传说实际上都是后世的附会和演绎，不过，也反映了在原始社会后期的部落战争中

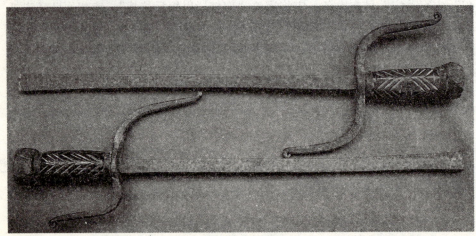

冷兵器——铁锏

殷商时期的甲骨卜辞中，表明了商朝的军队已按右、中、左的固定队形排列作战。到春秋战国时期，由于兼并争霸战争频繁发生，人们在阵的运用过程中不断总结经验，有关阵法也就日益增多。战国时著名兵书《孙膑兵法》中就有专门关于阵法的篇章。在《十阵》篇中，作者指出："凡阵有十：有方阵、有圆阵、有疏阵、有数阵、有锥行之阵、有雁行之阵，有钩行之阵、有玄囊之阵、有火阵、有水阵。"可见阵的种类和功能繁多。在《八阵》篇中，又强调了阵法变换的重要原则。《孙膑兵法》还指出："兵之前行后行，不参齐于阵前，可败也。"就是将阵容不整、队形凌乱视为必定失败的标志，指出了阵在古代作战中的重要意义。

在冷兵器时代，作战决胜负主要依靠近战的形式。因为冷兵器的运用受到空间、速度和力量等条件的制约，其杀伤力是有限的，单兵作战、一哄而上的各自为阵，仅凭个人的勇力，是难以保证全军必胜的。因此，必须利用各单兵的协同来赢得整个战局的控制权，于是，作战队形阵，在冷兵器时代就显得尤为重要。平时对阵法的设计和操练，是古代兵家十分经心之事。明代何良臣的《阵纪》，对历代阵法进行了系统的总结和研究，分析了自古以来的五行阵、农兵阵、荆尸阵、鸡父阵、内政阵、乘之阵、象棋阵等阵法。在历史著作中也有不少的阵法、阵图的著录，例如，《左传·桓公五年》就记述了将步卒队形环绕战车进行疏散配制的"鱼丽之阵"；《史记·淮阴侯列传》记载西汉初年大将韩信破赵时曾布有背水阵，等等，都是阵法用于作战的实例。

唐代著名诗人杜甫诗曰："功盖三分国，名成八阵图。江流石不转，遗恨失吞吴。"说的是三国时诸葛亮隆中对策"三分天下"和做八阵图隐藏千军万马的故事。八阵之说其实早在诸葛亮以前就已出现，它当然不是像《三国演义》里描绘得那么神奇莫测，而是古代兵家对实际战争形式的一种总结和运用。从银雀山汉墓发掘出的《孙膑兵法》中就有《八阵篇》。但是，孙膑的"八阵"之说是强调如何根据敌情和地势的不同而变换阵法，而并没有确指八阵的一种或八种固定的阵法。自《三国志·蜀书·诸葛亮传》说诸葛亮"推演兵法作八阵图"以后，关于八阵和八阵图的附会之说便雀起了。仅传说为诸葛亮所布石阵就有3处之多，除了前述奉节一处以外，据《水经注·沔水》和《汉中府志》所说，在陕西勉县东南诸葛亮墓东还有一处；另一处则据《明一统志》所载，在四川新都县北30里的牟弥镇。至于八阵，则有的说是一种阵形，有的说是八种阵形，所云莫衷一是。

《唐太宗李卫公问对》认为八阵本是一个完整的方阵。该书卷中云："黄帝始立丘井之法，因以制兵，故井分四道，八家处之，其形井字，开方九焉，五为阵法，四为闲地，此所谓数起于五也。虚其中，大将居之，环其四面，诸部连绕，此所谓终于八也。及乎变化制敌，则纷纷纭纭，斗乱而法不乱；混混沌沌，形圆而势不散。此所谓散而成八，复而为一也。"也就是说，在方阵的排列上，是以井字形为序列，大将居井中间，四面正兵屏卫，正兵之间又有奇兵游哨，这样，东、东南、南、西南、西、西北、北、东北均有正奇兵互相配合，可以分合变化制敌。这种排列的队形若按正兵来说是4个单位，加上主将为5个单位，再加上奇兵即有9个单位，因此，八阵是指方阵的八个方位，按战斗单位来说，也可以是四阵、五阵、九阵。《史记·高祖本纪》载："五年，高祖（刘邦）与诸侯兵共击楚军，与项羽决胜垓下。淮阴侯（韩信）将三十万自当之（前锋），孔将军居左，费将军居右，皇帝（刘邦）在后，绛侯（周勃）、柴将军在皇帝后。"这就是一个典型的五军方阵，按方位来说，也是八阵。因此，八阵是一种方阵的排列及变化形式。但也有的人认为八阵即是《孙膑兵法·十阵》中的前八种，包括方阵、圆阵、疏阵、数阵、锥行之阵、雁行之阵、钩行之阵、玄襄之阵。不管八阵是一个阵还是八个阵，去掉好事者的附会色彩，我们还是应当承认，诸葛亮在古代八阵的基础上，对这种阵法进行了总结，加以改造、创新，使之上升到一个新的水平。

在冷兵器时代，阵法的优劣成为战争胜负的一个重要前提，因此，历代军事家十分重视对阵法的研究和革新。诸葛亮改革八阵以后，唐代军事家、《唐太宗李卫公问对》的作者李靖，又在诸葛亮八阵的基础上创立了所谓"六花阵"。关于六花阵的具体阵图已不可考，但后人都认为宋神宗赵顼的解释比较符合实际，且能从中窥见阵图。按其说法，六花阵是一个外圆内方的阵型，"圆以六包一"，"方以八包一"。也就是说，八阵在六花阵中为中军，其外另有六阵，全阵形如花瓣。何良臣《阵纪》也认为："李靖六花，本孔明八阵而变，其中隔落钩联，曲折相对，无不参综古法，步骑与车，三者相兼而用，以车曰驻队，步曰战锋，居前曰正，骑曰战队，又曰跳荡，居后为奇，遂名六花七军阵也。"可见，六花阵也是继承了古阵法加以变化发展而来的方阵。此后，在六花阵基础上又演化出"六花曲阵"、"六花直阵"、"六花方阵"、"六花圆阵"、"六花锐阵"等阵图，实则仍以方阵为基本形式。总结八阵的产生和发展，说明了中国古代方阵在世界战争史上是极具特色的。

对敌方粮草的破坏

战争是敌我双方的激烈冲突，自己要竭力确保粮草供应，也要千方百计地去破坏敌方的粮草供应。所以，在考察古代战争中的粮草供应问题时，应当了解两个方面的情况，一方面是在战争中如何解决并保护自己的粮草供应，一方面是在战争中如何破坏甚至断绝敌方的粮草供应。前面所论述的，都是关于解决自己的粮草供应的问题。下面，我们还必须了解古代战争中如何破坏敌方粮草供应的问题。

1. 坚壁清野

凡是在自己国内或自己控制区域内，只要是敌军可能攻占的地区，就必须在敌军到达之前将该地的军需物资，特别是粮草、牲畜、修筑工事的木料等等，尽可能运入自己控制的据点或隐藏起来。实在无法运走或隐藏的，宁可一火而焚，也不能留给敌军使用。这种措施，古代就叫做"坚壁清野"。坚壁清野这一名称后来作为成语，一直用到现代。

所谓坚壁清野，是指有联系的两方面的内容。"坚壁"，是使壁垒更加坚固，指将各种军需物资都运入自己的壁垒，加固自己的壁垒。"清野"，即清理田野，使田野之中的粮草尽可能不留给敌军。"坚壁清野"之称最早见于《三国志·魏书·荀彧传》。荀彧在为曹操分析是否要先取徐州、后平吕布的

诸葛亮雕塑

形势时说："今东方皆已收麦，必坚壁清野以待将军。将军攻之不拔，略之无获，不出十日，则十万之众未战而自困耳。"此后，坚壁清野一词遂被广为使用，例如《宋书·武帝纪上》："宜断据大岘，刈除粟苗，坚壁清野以待之。"《晋书·石勒载记上》："勒所过路次，皆坚壁清野，采掠无所获，军中大饥，士众相食。"

坚壁清野这一称呼虽然始于魏晋，可是这种在敌军到来之前就破坏可能被

敌军使用的后勤物资的破敌之法，却是早已有之，而且早在《墨子》的《杂守》和《迎敌祠》中就有其总结性的论述，如《杂守》篇说："外宅粟米畜产财物诸可以佐城者，送入城中。""寇近，亟收诸杂乡金器若铜铁，及他可以佐守事者。""寇薄（即迫近），发（拆毁）屋伐木，虽有请谒，勿听。""材木不能尽入者，燔之，无令寇得用之。"《商君书·兵守》也说："客（指敌军）至而作土以为险阻及耕格阱（即田野中的陷阱），发梁（即取掉屋梁）撒物，给（给通及，即来得及）徙徙之，不给而煌（即焚烧）之，使客无得以助备攻。"先秦时期的这些文献材料，当然是先秦时期战争中经验教训的总结。

到了宋代，对于坚壁清野的分析就更加详尽而具体了。如《武经总要》卷十二中，为守城而进行的坚壁清野的安排就有若干项，单是清野方面，就要求："若寇贼将至，城外五百步内，悉伐木断桥，焚弃宿草，撤屋埋井，有水泉皆投毒药。木、石、砖、瓦、茭刍、糇粮、畜牧（指牲畜）与居民什器，尽徙入城内，徙不逮者（即来不及的）焚之。"

历代战争中，用坚壁清野的方法破坏乃至断绝敌军的粮草供应，从而取得战争胜利的战例甚多，例如，东汉光武帝起兵之初，大将陈俊随刘秀在今河北地区与铜马军激战。陈俊建议用"使百姓各自坚壁，以绝其食"的办法来克敌制胜，得到刘秀支持。陈俊遂派出若干股轻骑兵，"视人保壁坚完者，敕令固守；放散在野者，因掠取之。贼至无所得，遂散败。及军还，光武谓俊曰：'因此虏者，将军策也。'及即位，封俊为列侯"（《后汉书·陈俊传》）。这一仗，是汉代战争中既坚壁、又清野的比较典型的一仗。可以说，"坚壁清野"这一概念，在陈俊的主张中已经明确地提出来并付诸实践了。

东晋穆帝年间，桓温北伐时对于粮草供应的安排是以因粮于敌为主，打算"麦熟，取以为军资"。谁知前秦的苻健早已料到这一着棋，故而在桓温到来之前就在关中"芟苗清野"。于是，"桓温军粮不属"，既无粮可征，军队乏食，遂转胜为败。数万大军，仅"收三千余口而还"（《晋书·桓温传》）。

刘邦雕塑

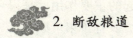

2. 断敌粮道

如果战争是在双方争夺的地区进行，或者在自己攻入敌占区之后，要破坏敌方的粮草供应，就不大可能采取坚壁清野的办法，而只能采取破坏乃至截断敌方粮草供应线，毁掉敌方的后勤物资基地的办法。这在古代就叫做"断敌粮道"。我国不少战役，包括一些十分著名的战役，都曾经采取过这种釜底抽薪的战术。例如：秦赵长平之战时，白起所用的战术就是以"奇兵二万五千人绝赵军后"，使之"粮道绝"，然后倾全部军力奔赴长平，"遮绝赵救及粮食"（《史记·白起王翦列传》）。这一战，是断敌粮道而大胜的典型战例。

楚汉战争中，韩信率军数万进攻战略要冲井陉口（今河北获鹿县西南）的赵军。20万赵军的统帅是号为"儒者也，常称义兵不用诈谋奇计"的迂腐之辈成安君陈余。赵军的重要谋士广武君李左车很清楚地看到，井陉口是一个"车不得方轨（即并排二车同行）、骑不得成列"的狭长通道，既是韩信进军的惟一通道，也是后勤供应的惟一通道，"粮食必在其后"。韩信只要被截断这条粮道，后果就不堪设想。他愿以骑兵3万人，从小道绕至韩信后方"绝其辎重"，"使野无所掠"，实行坚壁清野式的封锁，他保证在十天之内瓦解韩信军。谁知陈余"不听广武君策，广武君策不用"。杰出的军事家韩信早就看到了这几着险棋，密切注视着赵军的行动。当他派的间谍打听到陈余不听广武君之计时，韩信"大喜，乃敢引兵遂下"井陉口。他一方面以大军正面佯攻，一方面派奇兵2000偷袭赵军营垒。结果"大破赵军，斩成安君、泜水上，擒赵王歇"。仗还未打完，韩信就"令军中毋杀广武君，有能生得者购（即奖赏）千金。于是有缚广武君而致戏下者。信乃解其缚，东乡坐（乡，通向，古时尊者东向坐），西乡对，师事之"（《史记·淮阴侯列传》）。这一仗，从反面证明了断敌粮道在古代战争中的重大作用。

在楚汉战争中，刘邦由弱变强，并取得胜利，原因是多方面的。我们在前面已经谈到，萧何留守巴蜀、汉中，以强有力的后勤供应支援前线，是刘邦胜利的最重要原因之一。同时我们还应当看到，刘邦也用了很大的力气去破坏项羽的后勤供应。《史记·高祖本纪》中曾两次提到彭越率军在项羽后方"往来苦楚兵，绝其粮食"。刘邦还特意"使刘贾将二万人，骑数百，渡白马津（在今河南滑县北，为黄河水分流处，今已埋没）入楚地，烧其积聚，以破其业，无以给项王军食"（《史记·荆燕世家》）。彭越与刘贾所进行的专门破坏项羽后勤供应的战斗，在促成项羽败亡的过程中所起的重要作用，是很难估量的。当刘邦胜利之后，特意下诏："将军刘贾有功，及择子弟可以为王者。"群臣一致拥护。于是，这位并非刘邦本家的刘贾得以立为荆王，"王淮东五十二城"（《史记·荆燕世家》同上）。应当说，这是刘邦及群臣对刘贾"无以给项王军食"的功业的充分肯定。

官渡之战时，曹操迎战北方军力最雄厚的袁绍，初战大败。可是，当曹操接受荀攸的建议，派徐晃与史涣烧掉了袁绍的"运谷车数千乘"后，情况发生了变化。接着，袁绍的谋士许攸投操，提供了袁绍第二批运粮车的情况。曹操遂亲率五千人，"皆用袁军旗帜，衔枚缚马口，夜从间道出，人抱束薪……既至，围屯、大放火"，烧去了袁绍"辎重万余乘"，"尽燔其粮谷"。结果曹操大胜，袁绍大败，很明显，这一次大胜，关键仍在于"尽燔其粮谷"。

由此可见，破坏敌方的粮草，对于战争的成败有着多么重要的关系。

 知识链接

沙盘的发明

沙盘就是一种以真实地形为依据，根据测绘成果，按照一定的比例关系，用泥土、兵棋以及其他材料制成的直观反映地形地貌的地形模型。

正史中对沙盘最早的记载，来自于《后汉书》。公元32年，汉光武帝刘秀率军消灭割据陇右的军阀隗嚣。因为陇右地区地形险要，刘秀一时不敢贸然进兵。这个时候，刘秀手下的大将马援指出，隗嚣的军队已经有崩溃的趋势，此时应该抓住机会马上进兵。为了向皇帝展示此地的地形，马援就用米粒堆成山谷地势，并据此分析战局，指明进军的路线。经过马援的这一番模拟演示，刘秀一下子就看清了当前的形势，于是高兴地说道："虏在吾目中矣。"（敌人的部署都在我的眼中了）随后，刘秀的军队就按照米粒沙盘上的部署，顺利地消灭了隗嚣这个割据势力。

中国古代的军制

在我国数千年的历史中，在各朝各代都建立了不同的军制，即使一朝之中军制也有发展变化。军制的发展与变迁也是在对前朝制度的继承与改革中进行的，正是在这种变革历程中，中国古代的军制不断完善。

第一节
中国古代的军事制度

先秦时期的军事典章制度

夏朝脱胎于氏族社会的部族联盟，是中国由氏族制度向奴隶制国家过渡的时期。一方面，存在着代表奴隶制度的夏王朝；另一方面，在夏王朝的势力范围内，还存在着正向国家转化的以血缘为基础的氏族和部族（方国）。掌握国家政权的夏后氏只是众多部族中力量最强大的，处于天下"共主"地位，各方国、部族首领与王室之间是一种主从关系。被夏后氏征服或承认其共主地位的各部族，本身是一个有独立性的政治实体，拥有自己的领土、官制和军队，并承担对夏朝贡纳和应召出征的义务，其首领有时也到王室任职。例如，商族首领冥曾任夏朝司空，掌管治水工程；薛国首领奚仲，曾任车正，负责管理车辆。夏王作为国家的最高领导，也是军队的最高统帅，其下的大臣，在战时则为统军将领，即所谓"寓将于卿"。

夏王不仅可以直接指挥国家军队，也有权通过氏族首领（诸侯）调遣氏族武装。夏启时，武观在西河（今河南淇县、浚县间）反叛，启即任命韦国首领彭伯寿率军征讨，平定叛乱。居住在今山东、江苏和安徽一带的九夷（畎夷、于夷、方夷、黄夷等）归附夏王朝，接受封爵之后，亦接受夏王调遣。夏朝末年，商汤停止向王室纳贡，夏桀遂"起九夷之师伐之"，迫使商汤称臣纳贡。夏王可命氏族首领率本部武装讨伐反叛者，是夏王对氏族武装行使的一种领导权。

殷商时期的国家结构仍然带有明显的部落联盟的色彩，在军队领导体制上，当时的军队领导权是分散的。除了王国军，非但畿外诸侯的军队，商王操纵不得，即便是畿内贵族的族军也有很大的独立性，商王只能以族为单位征调他们，而不能自行对他们重新编组。

当时的王权还残留有部族首领的特点，即以军事作为自己的主要职能。卜辞中常见商王亲征的事例，再就是派太子或后妃率军出征。后妃中，妇好即是最有名的一个。商王这样做的目的，无疑是为了加强王权。此外，大多数情况下是命将出征，出征前要举行授将以"册"的仪式，以表明将的权力得到了王的认可。

卜辞中习见的武职有：马、亚、大亚、马小臣、走马、射、箙亚等。其中马和亚（大亚）的职位最重，马类似于周代的司马。

由于当时官制的一个突出特点是文武不分职，因此，这些武职在平时亦负责其他方面的庶务。同样，有些偏重文职的职官在战时也有从戎的义务。

西周军队的领导体制基本上与夏、商类似，周王握有最高军权，统率和指挥王室和诸侯国的军队。周王不仅亲自掌握军队的组建和整顿，而且直接

周王庙

掌管各级军事将领的任命，从而把对王室军队的领导权牢牢地控制在自己手中。各种文献和青铜器铭文记载表明，周王在战时还亲自统率军队出征。例如，周昭王曾亲征荆；周宣王三十九年（公元前789年），宣王曾亲率大军与姜戎战于千亩（在今山西介休一带）。

对于诸侯国的军队，周王不仅拥有调遣权，如西周初年，周天子曾"令明公遣三族伐东国"，而且还通过在诸侯国军队中设置监军和"命卿"制度，以控制其军队。

为了实现对军队有效的领导权，在周王的周围形成了一个军事领导集团，即所谓的"三公"和次一级的"三司"等，共同参与军政要务。"三公"即太保、太师、太史，既是王室的执政大臣，又参与军事决策。"三司"又称"三事"，是临战时形成的军事领导集团。《诗经·大雅·常武》记述周宣王出征徐戎，命"太师皇父，整我六师，以修我戎"。可见太师是军事领导集团的首领。"司马"的设立，是西周奴隶制军事典章制度完备的另一个重要标志。"司马"一名，始见于《尚书·牧誓》："我友邦冢君、御事、司徒、司马、司空、亚旅、师氏、千夫长、百夫长。"但司马的职能不在于领兵，而是受周王委托统管全国军政事务，具体体现在以下几个方面：一是管理国家的军赋，二是组织服役人员进行军事训练和军事演习，三是执行军事法律。此外，根据《散氏盘》、《卫盉》、《卫鼎》等铭文可知，西周时期的司马还参与勘察、移交田产、订立契约等民事事务。到西周中期以后，司马的军事权力逐渐提高，各地封国也设立有司马一职。

西周一元化军事领导体制的建立，说明奴隶制的军制得到了更加充分的发展，也更加完备了。周室东迁之后，王权衰落，军队领导体制的一元化宣告瓦解，军权由一元变成多元，诸侯割据和争霸的历史局面开始形成。春秋战国时期，在军事领导体制方面，经历了三级旧制到虎符调兵制的演化过程。西周时期，天子分封诸侯，为之建国，诸侯分封卿大夫，为之立家，各有武装，但统属于周天子。《国语·鲁语下》载："天子作师，公帅之，以惩不德。元侯作师，卿帅之，以承天子。"由于王掌军权，故"礼乐征伐自天子出"。春秋前期，大体也保持这种"天子—诸侯—卿大夫"三级制。春秋中后期，周王军权沦丧，齐桓、晋文等五霸竞相登场，"挟天子以令诸侯"，以"尊王攘夷"的名义，直接向中小国家征赋调兵，翦除异己，扩充势力，公开与周王分庭抗礼，由是"礼乐征伐自诸侯出"。此后，军权又逐渐从诸侯旁落于卿大夫之手，以至"公室弥益卑"，"政在家门"。，至春秋末期，公室军权被卿大夫瓜分殆尽，"礼乐征伐自诸侯出"变为"自大夫出"，卿大夫成为战国时期新兴诸侯的前身。战国时代，七雄并举，经过争霸和制度改革，各国相继建立封建政权，废除贵族私属武装，建立统一的军队，国君独揽军政大权，确立了"国君—郡县—乡里"的军事领导体制。同时，在军队管理上，实行文武分职。为确保国君牢掌军权，各国均实行兵符调兵制。兵符是国君任将时颁发的军权凭证，其状如虎，故又称"虎符"。兵符分为两半，左半由领兵者执持，右半留于国君手中，两半相合，方有调兵权。凡发50兵以上者均凭兵符行事，只在用烽燧告急时，方可例外。秦国《新虎符》铭文曰："甲兵之符，右在王，左在新，凡兴士被甲用兵五十人以上，必会王符，乃敢行之。"著名的"窃符救赵"的故事，说的就是这种制度的实行情况。春秋时期，军队最高统帅为国君，军队各级指挥官概由卿、大夫各级贵族担任，即所谓的"军将皆命卿"，文武不分，将相合一，与西周无异。战国时代，各国相继废除"军将皆命卿"的制度，实行文武分立、将相分职。国君之下，最高文官为相，最高武官为将。将在士阶层和行伍军吏中广泛选拔，由国君任免。其称谓不一，齐、赵、魏、燕称将、将军、上将军、大将军；秦国先后称大良造、将军、国尉；楚称柱国、上柱国。随着将相分职和武职的固定，军事机构也建立起来。与此同时，在郡、县、乡、里也建立了由国君统一控制的掌管军队的各级军职：郡设郡守，负有本郡守卫之责；县设县尉，负责兵员的征集和训练，秦国另设有县司马，掌管军马事宜；乡以下则由行政官吏啬夫、里正、伍老等，负责征集本地兵员、军赋。

秦汉的军事制度

公元前221年，秦始皇结束了诸侯割据称雄的分裂局面，建立起中国历史上第一个统一的中央集权的多民族封建国家——秦王朝（公元前221～前206年）。之后，秦始皇北击匈奴，南平百越，其疆土不断扩大，秦王朝的版图东至海，西及甘肃高原，南抵岭南，北到河套、阴山、辽东，成为当时世界上最大的国家。秦朝的建立，标志着中国进入崭新的历史时代。秦朝的军事典章制度是在战国时期秦国商鞅变法的基础上形成和发展起来的，其显著特点是：以高度集中的兵权，捍卫高度集中的君权；以严密的军事制度，从属严密的政治制度；以庞大的防务体系，保护庞大的专制帝国。

与专制主义中央集权的政权体制相适应，秦朝确立了军权高度集中、军队高度统一的军事领导体制。秦统一后，首创皇帝制度。皇帝作为封建国家的最高统治者，独揽一切军政大权，他既是国家首脑，也是全国军队的最高统帅。军队只听命于皇帝一人，各级高级军事将官也都由他亲自任命。在朝廷中，丞相为百官之长，处理日常政务；太尉为最高武官，掌军事行政；御史大夫监察官吏，辅佐丞相综理国事。三公均听命于皇帝，直接对皇帝负责。太尉虽是最高军事长官，但只有带兵权，战争的发动与中止、高级武官的任命与撤换、兵员的征集与调动，权力完全由皇帝掌握。除临敌应急外，调遣50人以上用于军事行动，必须得到皇帝的许可，并严格执行盖玉玺、持节的规定，以保证军队完全服从皇帝一人之命。

太尉之下的高级军官是"九卿"中的郎中令、卫尉、中尉。郎中令"掌宫殿，掖门户"，主管侍从郎官，负责皇帝左右的警卫；卫尉"掌宫门卫屯兵"，负责皇宫的警卫；中尉"掌徼循京师"，负责京师咸阳的保卫与治安。遇战事，由皇帝直接任命领军作战的统兵大将，但战事毕即回归朝中解交兵权。秦时，除统军屯守边塞的大将外，军事将领均不专兵，以避免其拥兵自重。

秦时地方政权主要有郡、县、乡（或亭）三级。与此相适应，建有一套完善的军事、治安系统。在郡一级设有郡尉，由皇帝亲自任命，负责郡内兵员征发、维持社会治安及筹集武器装备等，并直接领兵。在县一级设有县尉，掌管全县军务、治安。县下有乡、亭两种机构，乡啬长、亭长和县派往各乡的游徼，负责"循禁贼盗"。另外，秦军在战时还设有一些临时性武官，主要有校、都尉、司马、御史、军候、屯长等。

通过这种高度集权化的军事领导体制，使全国的军事力量都受中央控制，最后归于皇帝一人掌握。这种制度为以后历代封建王朝所继承和发展，延续了2000年之久。

汉承秦制，皇帝为全国军队的最高统帅，军队的征集、调动，将领的任免、升黜等均由皇帝亲自下令。太尉、丞相与御史大夫合称"三公"。太尉为中央朝廷的最高军事长官，但仍无实际统兵权，仅负有军事行政职责，在年终考察武官之功过而行以赏罚，且时置时废，其属官也较少，有时甚至并入丞相府。武帝以后改太尉为大司马，为无印加授的加官。

三公之下，设有"九卿"。其中的军事长官仍沿秦旧，名郎中令、卫尉及中尉，统御中央直辖军。其中，郎中令（武帝时改称"光禄勋"）负责统领皇帝禁卫诸郎，并掌顾问参议及传达招待之官。其属官有大夫、郎、谒者等。大夫掌论议，有太中大夫、中大夫（武帝时改称"光禄大夫"）、谏大夫等，多至数十人。郎，驻则掌守门户，出则充任车骑，有议郎（只担任顾问应对，不任值卫）、中郎、侍郎、郎中之别，多至千人。谒者，负责接待及担任临时任务，以谒者仆射为长，多至70人。

卫尉负责统领守卫宫殿的南军。景帝初曾更名"中大夫令"，不久复旧称。属官有公车司马令、卫士令、旅贲令。公车司马令，掌殿司马门，夜徼宫中，天下上书及阙下凡所征召者皆总领之；卫士令，负责管理卫士；旅贲令，主卫士之骁勇者，以备非常。

中尉负责统领警卫京师的北军。属官有中垒令、武库令、都船令等。武帝时更名中尉为"执金吾"，不再直接统领北军，而派监军御史控制北军。

汉武帝时确立中外朝制度，从此以丞相为首的外朝，成为执行一般政务的机构；而由皇帝的近侍，如大将军、常侍、给事中、尚书等组成的中朝，则成为决策军政大事的统治中枢。中朝的领袖是大将军，但为了确保皇帝对军队的控制权，大将军之位亦时置时废，其实际地位的高下也因人而异。汉武帝以大司马为大将军所兼官号，拜授数次征伐有功的卫青，使其位居"三公"之上。其后霍光、王凤等均以大司马、大将军之职预闻政事，地位高于"三公"。但一般情况，大将军基本上与"三公"地位相当。

西汉为加强对军队的控制，建立监军制度，设立护军都尉、军正（军正丞）、监军御史等官职。护军都尉主要用以监察将领和调节各将领间的关系。武帝以后，其地位逐渐下降，改隶于大司马、大将军，辅佐其举察下属将士不法之事。后来渐成为一般将领，不再具有监察权。军正一职属军中将领，执掌对军中将士的监察和执法，有时还受命统军出征。将军犯法，军正直接呈报皇帝，而军中校尉、都尉犯法，军正有权自行处置。监军御史是御史大夫监察系统派往军中监察的文官，通过御史大夫向皇帝奏劾违法的将校。为了防止大臣篡权，采取措施进一步加强了君权。虽然设置了一个以三公（太尉、司徒、司空）为首，九卿（太常、光禄勋、卫尉、太仆、廷尉、大鸿胪、宗正、大司农、少府）分职的中央政府，但是在名义上属于少府的尚书台（皇帝的秘书机构），不仅受理章奏，起草和宣布诏令，也参与国防、战略的制定与决策，因此成为隶属于皇帝的权力中心，实际主持着全国的行政和军事要务，是东汉王朝真正的中央军事统御机构。

东汉朝廷中还设有直接隶属于皇帝的五级将军，即大将军、骠骑将军、车骑将军、卫将军和前、后、左、右将军。他们是建制内的常设将军，地位相当于三公，于统帅部队之外，也参与政事。东汉中期以后，外戚执政，每借兵权以自重，大将军遂成为朝廷中的最高长官。东汉为削弱地方豪强集团的军事实力，保障内重外轻的军力布势，对地方军事体制亦做了若干调整：压缩地方兵员编制；裁撤内地诸郡的都尉，并其职能于太守，太守亲掌军政大权；停止地方常备军的校阅考核制度。地方军队的编组同于西汉，县以下组织亦仍其旧。

东汉州牧的设置和郡守的亲自掌兵，目的是为了强化中央对诸郡的掌控。但事与愿违，由于中央军力亦遭削弱，地方部队在镇压内乱、抵御外患、维持统治秩序方面，具有举足轻重的影响；由于战事频繁，有些郡往往复设都尉；郡太守拥有军事领导、管理和指挥权，常常自募兵员，调动军队，中央诏令成为一纸空文；州刺史权任愈来愈重，握有重兵，成为"内亲民事，外领军马"的地方军政长官，不但未能遏制地方豪强势力的发展，本身也逐渐发展成为独据一方的军阀，终于东汉末年演变为武装割据的局面。

魏晋南北朝的军事制度

三国时，最高军事领导权，最初都由皇帝牢牢掌握。魏国的最高武官都督中外诸军事，蜀国的军政长官丞相录尚书事，吴国的最高武官大将军等，凡重要决策，都须经皇帝同意，调兵遣将都须承皇帝旨意。三国后期，皇帝或如同傀儡，或耽于游乐，最高军权都落入军政首脑之手。处理日常军务的最高机关，魏国是尚书省的五兵尚书曹，蜀国是丞相府和后期的大将军府，吴国是尚书省和后期的丞相府。魏国和吴国都以都督中外诸军事为全军总

丞相府

司令。

三国普遍建立了都督制。当数支军队屯驻同一地区执行同一战略任务时，中央临时委派一员将领督领诸军，这就是都督制。魏国的都督一开始称督军，后督军与都督混用，曹丕称帝不久，罢督军，都督制定型。魏国沿边诸州普遍设都督，各领数万军队，腹心部分地区也设置都督。吴国在各地遍设督或都督，一般统领的军队都不如魏国多，大多数为郡级，不像魏国的都督为一州乃至数州。蜀国只在沿边州郡设都督，而且可以由文官担任。三国的州郡兵由州郡长官统领，少数由都督兼刺史统领。

魏元帝咸熙二年（265 年），司马炎伐魏称帝，建立晋朝，是为西晋。愍帝建兴四年（316 年），匈奴刘聪攻陷长安，西晋灭亡。次年，司马睿在建康（今南京市）重建晋朝，史称东晋。恭帝元熙二年（420 年），东晋亡于刘裕。两晋共历 155 年。

西晋开国后，鉴于曹魏宗室孤立而亡的教训，大封同姓诸王，并让他们出镇地方，既握兵权，又管民事，从而酿成"八王之乱"。东晋是在南北世家大族的拥戴下建立的，由此形成了世家大族轮流执政的局面。两晋政治特点的不同，决定了两晋军制的差异。

西晋初，皇帝牢牢控制着全国军队、决策军政大事，尚书省长官参与军事决策。军队的最高长官为都督中外诸军事，由太宰等公执节担任。惠帝以后皇权旁落，军权由辅政的外戚或同姓诸王轮流掌执。所谓轮流并不是制度化的权力瓜分，而是"八王之乱"期间先后以胜利者轮流主持军政，而且谁也不能真正控制全国军队，只能控制自己这一临时联盟的同姓王与将领的军队。东晋的军权由王、庾、桓、谢这些一等的世家大族轮流执掌，都督中外诸军事由这些家族的主要成员担任。但有的外州重镇的统帅，不是执政的家族的成员，往往或明或暗地与执政者相对抗，所以都督中外诸军事名义上是全军总司令，实际上不能有效地指挥所有军队。

两晋的都督区是相对独立的军事实体。不同的是：西晋的大镇都督主要由宗室同姓王担任，半数以上的都督始终是宗室成员；东晋的大镇都督主要是世家大族成员，有的执政家族的重要成员甚至担任数州都督。因此，西晋的内乱基本表现为宗室都督同室操戈，东晋的内乱基本表现为异姓都督举兵向阙。

两晋中央直接掌握的军队即中央军，也分为中军、外军。西晋初期中军强，外军弱。中军编为军、营，平时驻守京城内外，有事出征。驻在城内的中军为宿卫兵，负责宫殿的宿卫，有左、右二卫共16营。驻在京城外的中军称牙门军，没有宿卫任务，约20营。外军指各都督区的军队和为数不多的州郡兵。外军驻守重要州镇，由都督分领。东晋的中军力量相当弱小，沿袭旧制而设置的领军、护军和诸校尉营编制严重不足，有的甚至有名无实。由于统帅外军的都督都兼刺史，拥兵自重，跋扈一方，使外军比中军强大得多，尤其是长江上游的州、镇，兵势之强远远超过中央。

南朝是接踵东晋之后，在南方依次而建的宋、齐、梁、陈四个朝代的总称。从公元420年刘裕建宋，中经齐、梁更替，到公元589年陈被隋灭，与北朝对峙并立170年。

南朝长期偏安江南，给江南的农业、手工业和商业都带来较大发展，全国经济的重心，也由西晋以前的中原移到了江南。南朝沿袭了魏、晋的世家大族政治，但世家大族已盛极而衰，大族名士往往位高职闲，寒人渐掌机要，权力增大。这些经济、政治上的特点深刻地影响着南朝的军制，在军事力量的统领等问题上，又更清楚地折射出这些特点。

南朝军事的最高权力由皇帝亲掌，皇帝通过多种手段控制高级将领，防止他们军权过重。首先，大将军和都督中外诸军事等最高军职往往空缺，由皇帝直接决策重要军事行动和调发大军；地方上的刺史、郡守都必须有皇帝手诏，方可兴师动众。日常军机事务，则由寒人出身的中书通事舍人执掌，尚书省的事权逐渐被中书省剥夺。中书通事舍人多起自小吏，没有功高震主的危险，易于皇帝驱策。所以皇帝咨议军机，往往避开中书监、令这一层，直接让中书通事舍人出纳王命，中书通事舍人得此特权，也"事无大小，专断之"。第二，扶持寒门将帅势力，使与世家大族势力相制约。东晋世家大族既享上品之禄，又握军队之权；南朝世家大族掌军权的越来越少。这固然与世家大族鄙薄武事有关，也与皇帝扶持寒门将帅势力有关。世家大族盘根错节、枝叶繁茂，如军权日重，难以控制。寒门将帅因军功而升迁，但背景不复杂，在世家大族政治的氛围下亦不敢过于猖狂。第三，让宗室诸王出任重要州镇的都督兼刺史，防止地方重要军权旁落异姓将帅之手。这似乎是走西晋的老路，但皇帝采用了用典签监督出镇方面的诸王的制度，以图防止重蹈西晋覆辙。典签制度形成于南朝宋，到南齐盛极一时。一开始，典签位低职轻，甚至长史"不呼不敢前，不令去不敢去"。以后皇帝有意让典签督责方镇，典签威权渐重。出镇方面的诸王外接人物，典签可以制止；方镇有异常举动，典签马上密奏皇帝；皇帝疑惧的宗室诸王，典签可寻机会除去。第四，削弱州郡地方实力。主要的办法是不断瓜分大州，设立新的州郡。总的说来，南朝疆域越来越小，州郡却越来越多。

通常把由公元386年~581年间，与南朝对峙，在北方建立的北魏、东魏和北齐、西魏和北周，统称为北朝。北朝的统治者是以鲜卑为首的少数民族贵族，他们在中原建立国家后，一方面沿袭旧有的习俗制度，一方面吸收中原传统的部分习俗制度，发展封建经济，推行汉化改革。虽然胡化现象曾有复辟，但总的趋势是渐进地走向民族的初步融合和汉化。北朝的军制，也在这种趋势的推动下发展和变化。

北魏设置了尚书、中书、门下三省，但很快废弃。参议军政要事的是八部大人，他们负责处理军国庶务。最高军权紧握于皇帝之手，八部大人分领京畿少数民族军队，故又称"八部帅"。以后，八部大人改为六部大人，六部大人又演变为三左辅、三右弼，辅佐太子摄政。

太武帝拓跋焘时期，发展尚书省，削弱八部大人制，尚书省逐渐成为参议军政、处理军务的高级机关。尚书令下诸尚书多达20余个，南部尚书负责南边诸州军政事务，北部尚书负责北边诸州军政事务，西部尚书是拓跋焘经略西北部地区时临时设置，殿中尚书2人分治左、右二曹，掌管宿卫军和兵马仓库，都牧尚书典国家牧场畜牧。孝文帝时，强化尚书省权力，尚书省六尚书中的七兵尚书主持军政事务，其下设七兵、左右中兵、左右外兵、骑兵、都兵七曹，分掌各类军务。太尉、大司马、大将军主持朝中兵事。都督中外诸军事为全军总司令。作战时重要方面军临时委任大都督，各军以都督为统领。北魏又实行内侍官制度。太武帝到孝文帝时，逐渐建成内侍诸曹。内秘书"内参机密，出入诏命"；中曹由宦者担任，负责禁中侍卫；侍御曹兼有宦者与士人，行在朝堂殿内；内行曹多为勇力之士，担任御前保卫。这些内侍官多出身鲜卑贵胄，对于皇帝决策军事起着一定的影响。

东魏皇帝是高氏父子的傀儡。高氏父子坐镇晋阳（今山西太原市附近），以丞相或相国的身份总揽军政大权。丞相府下分设中兵、外兵、骑兵诸参军，分理不同军队的军务。北齐基本沿袭北魏制度，以大司马、大将军典司武事，尚书省六尚书中的五兵尚书主持日常军务。五兵尚书下分左右中兵、左右外兵和都兵五曹。

西魏皇帝是宇文泰的傀儡。宇文泰仿照《周礼》设置三公六卿，以六卿为各部门首脑，大冢宰为六卿之首。宇文泰亲任大冢宰，一切军国政务皆总揽于大冢宰府，府中僚佐参议军机并分别掌理各类军政事务。宇文泰还亲任都督中外诸军事，总领全国军队。又分官吏等级为18命，以柱国大将军为最高的正九命，骠骑、车骑等大将军为九命，充分强化高级军官的地位。

北周初，大权总揽于大冢宰、都督中外诸军事宇文护之手。宇文护一人总领六卿诸府，权力盛极一时。北周武帝宇文邕诛灭宇文护，取消大冢宰总领百官的制度，亲自统领全国军队，凡战略决策、出征命将，皆出自他一人之手。重大战役临时委任行军元帅，一路军马则设行军总管领兵，战毕即罢。日常军务由大司马总掌，下设小司马、军司马等武职具体理事。北周末，都督中外诸军事又成为全军总司令。

隋唐的军事制度

隋朝军权高度集中于皇帝，军队的建置、调用，将帅的任免、迁升，皆由皇帝亲决。隋朝对全国军队的统一集中领导，主要通过文武两条途径，即军政领导机关兵部和军队指挥机构十二卫（隋炀帝时改为十六卫）来实施的，两者相互配合，相互制约，保证全国军事权力全部归朝廷掌握。

开皇初年，隋文帝杨坚改革官制，在中央政权中创立三省六部制。三省即尚书省、门下省、中书（初名内史）省，尚书省为全国最高政务机关，下置吏、礼、兵、都官、度支、工六部。兵部为掌管全国军事行政的最高机关，置尚书一人、侍郎二人，下设兵部、职方、驾部、库部四司。兵部司置郎中一人、员外郎二人，管理武官阶品、军队调遣、武选等；职方司置郎中、员外郎各一人，负责全国地方区划、各地区军事设施的设置以及州县城门、仓库门禁的守卫；驾部司置郎中、员外郎各一人，掌全国车乘、监牧、驿站的管理、供给；库部司置郎中、员外郎各一人，掌中央及各州戎器仪仗的分配、保管和修理等。

府兵是隋朝武装力量的主体。隋文帝设置左右卫府、左右武卫府、左右武侯府、左右领左右府、左右监门府、左右领军府十二卫府，为统领全国军队的最高机构，内掌宫禁宿卫，外统全国府兵，基本职责是"禁卫九重"、"镇守四方"。应服现役的府兵，分隶于各地军府。各卫府多数置大将军一人、将军二人为正副长官，直接归皇帝指挥。

隋文帝还设置了左右卫率、左右宗卫率、左右虞侯率、左右内率、左右监门率的太子东宫十率，专掌东宫宿卫，并分统部分府兵。东宫十率基本上是与十二卫府相应设置的，不过，

隋文帝画像

东宫没有类似左右领军府的组织。

炀帝杨广继位后，为加强军力，于大业三年（607 年）改原有的十二卫府为十六卫府，重定卫府称号为：左右翊卫、左右骁卫、左右武卫、左右屯卫、左右御卫、左右侯卫、左右备身、左右监门，其设官与职责大体如前。其中，左右备身、左右监门不领府兵。领府兵其余十二卫各置大将军一人、将军二人，并统领各鹰扬府（即原十二卫府下辖之骠骑府、车骑府）。

凡有战事，即由皇帝任命"行军元帅"为最高指挥官，督率一方者称"大总管"，统率从各地军府中调集的部队出战，事毕则"兵散于府，将归于朝"。

派遣御史监军，是隋朝加强对军队掌控的又一措施。御史监军的制度，始自炀帝执政时期。据《隋书·裴蕴传》载，隋炀帝按照虞世基的奏请，增置御史百余人，凡出兵征讨，即派遣御史监阵。

唐朝是高度发达的封建集权王朝。在封建专制主义统治下，皇帝是独揽一切大权的最高主宰，将领的任免、军队的征调均由皇帝决定。

兵部是唐朝最高的军政领导机关，秉承皇帝旨意，执行具体事宜。兵部隶属于尚书省，主官有兵部尚书一员、侍郎二员，"掌天下军卫武官选授之政令。凡军师卒戍之籍，山川要害之图，厩牧甲仗之数，悉以咨之"。尚书、侍郎的主要职责是：第一，负责武官选授。唐制，"凡选有文武，文选吏部主之，武选兵部主之"。武则天时期开始设置武举，由兵部每年定期进行选拔。第二，掌管全国军籍。举凡士兵的征召、调遣，兵员的增减，军队编制等，均由兵部奉皇帝敕命下达给有关军事单位；各军事单位也必须定期向兵部报告执行情况。如唐前期各地方军府每年十一月将府兵籍册上报兵部，唐后期各藩镇每年秋末冬初向兵部报告藩镇兵人数。至于兵马调发，倘没有兵部下达敕书、文符，任何单位都不得擅自调动军队、马匹、兵器。兵部虽然是最高军政机构，但手上无兵，只有调兵权。

唐初恢复了十六卫组织。其中统兵的有十二卫：左右卫、左右骁卫、左右武卫、左右威卫、左右领军卫，负责宫禁及内厢宿卫，在皇城四面宫城内外防守；左右金吾卫，负责宫中、京城巡警，烽堠道路。诸卫置上将军一人、大将军一人，将军两人，下置长史、录事参军及仓、兵、骑、胄等曹参军各一人，分别管理考课、勋阶、禄俸、番第、马畜、兵戎各项事务。

不领府兵的四卫是：左右监门卫，掌诸门禁卫及门籍；左右千牛卫，掌侍卫及供御兵仗，亦各置上将军一人，大将军一人，将军两人。

除府兵外，唐朝还有左右羽林、左右龙武、左右神武、左右神策等北衙禁军，各设大将军一人，将军三人，下属有长史、诸曹参军，与十二卫相同。十二卫、羽林、龙武、神武、神策等大将军、将军等，都直接隶属于皇帝，在固定驻地内负责府兵、禁军的训练、管理、宿卫以及军队后勤保障等各项事务。战争发生，随时抽调各种军队出征，临时派遣行军元帅、行军总管、招讨使等统兵官指挥作战。战争结束，这些统兵将领和参战部队又各自返回原地。唐代的监军制度，主要是通过向各地驻军及出征部队派驻监军使，以行军事督察之责。唐朝前期，监军使主要由御史充任；中唐以后，宦官开始出任此职。

唐初府兵制时代，府兵只是在有战事的时候，才命将以出，戎平师还，兵散于府，将归于朝。所以，朝廷只是在一些出征军队中偶尔派去监军。武则天时，将御史台改为左肃政御史台，负责监督诸军旅，这表明御史监军开始得到加强。不过，这时没有定制，而且由于御史品位太低，又非皇帝心腹，加之中央政府尚未丧失对地方与军队的控制，故这一时期监军作用不大。

玄宗时，唐朝军事典章制度发生重大变化，普遍募兵取代征发府兵、兵募而推行全国，各地节度使不再是临时派遣的统兵将领，有的甚至连任或传位于子弟。为了适应控制藩帅和藩镇军队的需要，开元年间（713～741年）起开始由宦官充任监军一职。《通典·职官》载："开元二十年后，并以中官为之，谓之监军使。"安史之乱以后，朝廷加强了对地方藩镇的控制，不仅在出征军队中派去监军，而且在各地藩镇都驻有监军使。这些监军使由皇帝身边的宦官充任，并逐渐形成了宦官监军制度。唐政府在各地藩镇设置的监军常驻机构，称"监军使院"，其长官称监军使，监军使下有副使，亦称副监。其下有判官若干人，分掌具体事务；有小使若干员，供派遣驱使。如果中央调诸道兵马会战，置都统或都都统，则另设都监或都都监，监临战阵。

监军使任职一般为3年，有皇帝特敕，则可提前调动或连续留任。监军有自己的军队，地位很高，作为皇帝的代表，在藩镇中具有与藩帅分庭抗礼的地位，其基本职责是"监视刑赏，奏察违谬"，并协助藩帅稳定方镇军情。但是，唐后期有的监军仰仗皇威，专横跋扈，甚至杀死藩帅，挑起兵乱，在战场上干预统兵将领指挥作战，以致战争失利。这类滥用监军职权的行为，不断遭到朝臣们的批评。不过，唐后期监军制度从未停止实行，五代时期还一度沿用。

总之，宦官监军制度的实施是唐朝中央直接领导的军事力量衰落、地方兵力不断强大这一特殊历史环境的产物，是新形势下中央政府用亲信来监督将帅、控制地方军政、加强中央集权的一种手段。

宋元的军事制度

公元960年，掌握后周禁军主力的殿前都点检赵匡胤，以领兵抗击契丹为名，在陈桥驿（今河南开封东北）发动兵变，黄袍加身，代周建宋，定都汴京（今开封），至1126年被金攻灭，历9帝，凡167年，史称北宋。翌年，康王赵构在南京（今河南商丘）即帝位，后定都临安（今浙江杭州），继续宋王朝的历史，至1279年，为元所灭，历9帝，凡153年，史称南宋。

两宋的基业奠定于宋太祖赵匡胤。太祖开国后，为矫治唐末以来藩镇拥兵割据之弊端，实现长治久安，在政治、经济、军事各方面进行了大规模改革，强化中央集权，削弱地方势力，鼓励百业发展。这些政策，对于巩固新生政权，推动社会政治经济发展，具有积极作用，使宋王朝发展成了当时世界上经济实力最强大、科学文化最辉煌的封建帝国。但是，两宋王朝时处内忧外患的多事之秋，阶级矛盾、民族矛盾异常尖锐，在着力对内防范之中，却削弱了抗外的力量，虽有兵将百万，却在与辽、西夏、金、元的抗衡中总是处于劣势，战争屡遭失败，故土不能恢复，国家积贫、积弱，最终为外族所亡。两宋这个局面的造成，从军事角度讲，与其推行的军事政策和军事制度不无关系。

北宋政权初稳，宋太祖吸取晚唐、五代军阀割据的教训，进行军制改革，削弱将权，以文治武，强化皇权对军权的控制。主要采取以下措施：

其一，收全国兵权于中央。太祖采纳谋臣赵普建议，将各节度使兵权收归中央，并通过"杯酒释兵权"，罢免禁军故将，一切军政大事由皇帝亲决。

其二，实行以文治武。在罢免武将的同时，派遣文臣充任中央和地方军队统帅，掌管军事，以确保皇帝对军权的全面控制。

其三，建立枢密院、三衙、率（帅）臣相互制约的军事领导指挥机构，兵权三分。"枢密院掌兵籍、虎符，三衙管诸军，率臣主兵柄，各有分守"（《宋史·职官二》）。

枢密院为最高军事领导机关，直接秉承皇帝旨意，调发全国军队，"掌军国机务、兵防、边备、戎马之政令，出纳密命"，以及"侍卫诸班值，内外禁兵招募、阅试、迁补、屯戍、赏罚之事"（《宋史·职官二》）。正副长官称枢密使、枢密副使，或称知枢密院事、同知枢密院事。通常由文臣担任，位次宰相，并与宰相对持文武二柄。南宋初，曾置御营司，以御营使为长，侵夺枢密使权力，掌握全国军务。建炎四年（1130年），撤御营司，还兵权于枢密院。至开禧年间，定制由宰相兼枢密使，从而结束文武二柄分掌局面

三衙，即殿前都指挥使司、侍卫亲军马军都指挥使司、侍卫亲军步军都指挥使司，为最高军事指挥机关。源于后周，宋真宗时形成定制。各衙互不相属，直接听命于皇帝。最高长官皆称都指挥使，其下有副都指挥使、都虞候，分统全国禁军和厢军。南宋时，三衙名存实亡，其长官降格为三支兵马的统帅，不再具有统领全国禁军的权力。

率臣，是率领禁军遂行镇戍和征战任务的各级将帅的统称。战时，军队受枢密院调发，由皇帝临时委任，给以都部署（后改称都总管）、钤辖、都监等头衔，统领驻屯各地分属三衙的禁军，事毕即罢。后于诸路或州、府置经略安抚使、经略使、安抚使为率臣（帅臣），兼管较大地区的军民之政，以文臣任正职，武将任副职。又置走马承受官，职同监军。军事行动一般禀命于皇帝、宰相和枢密使。枢密院、三衙、率臣，职权分割，上下相维。天下之兵掌于枢密，有发兵之权而无握兵之重；京师之兵总于三衙，有握兵之重而无发兵之权；率臣有统兵镇戍、征战之责，但"不得专其兵"。这种三权分立的体系，确保了军权高度集中于皇帝。

此外，尚书省内亦设兵部，但仅掌仪仗、武举和选募军兵等事。神宗元丰（1078～1085年）改制后职掌增多，然重要军机始终掌于枢密院，兵部地位仍轻。

其四，实行"更戍法"。宋初开始，禁军大体一半驻守京师，一半分屯各路。驻守京师的禁军，又一半驻城内，一半驻京郊，从而形成"内外相制"的态势。驻守京郊和屯戍各路的禁军实行"更戍制"，按期轮换驻地，以使

"兵无常帅、帅无常兵"，"兵不识将，将不专兵"，防止将帅拥兵自重，兵将朋比结党、犯上作乱。

元朝建立于1279年，其军队却早在成吉思汗统一漠北的部落战争时期就已形成。从那时到元末，北方蒙古人建立的大蒙古国和元朝，经历了许多变化。总的来看，在元代社会，尽管政治、经济领域中存在若干落后倒退的因素，但由于各民族文化通过接触而相互补充，也取得一定的发展。元朝将人分为蒙古、色目、汉人、南人四等，这种种族歧视政策，深刻地影响着当时的军事制度，尤其是军事领导体制和军队组织制度。元朝统治区内居住着几十个民族，农、牧、渔、猎等不同的经济生活并存，这种特点也深刻地影响着当时的军事制度，尤其是兵役制度和后勤保障制度。元朝统治者十分残暴，不仅对汉族人民百般欺压，对其他少数民族人民也残酷剥削和压迫。

蒙古国时期，大汗直接统帅全国军队，掌握最高军权。重大军事决策由忽里台决定。忽里台是蒙古贵族的大聚会，由大汗主持，蒙古宗王和各千户那颜参加，具有部落联盟时代的军事民主制的色彩。成吉思汗率大军西征时，任木华黎为太师、国王，统率10万人以上的大军，南向图金，木华黎成为蒙古国在中原的最高军事统帅。蒙古军分为左右两翼，各设万户长一名统领本翼所有各千户军队。大军出征，往往由大汗亲统师旅，各方面军统帅也由大汗指定。世祖忽必烈即皇帝位后，统驭军事大权。下设枢密院，专掌军政，为最高统军机构。由太子兼领枢密使，置知枢密院事六员实掌军权，其余要职多由蒙古、色目贵族担任。征讨、戍守、简阅、差遣、举功等，均由其秉承皇帝旨意统一管理。边疆和中原腹心要地，先后设置了出镇宗王，节制和统率出镇地区的所有军队，出镇宗王一般为皇帝的儿子。各地先后设置了行省，行省下设若干统军万户府或元帅府，统领镇戍军队。忽必烈时期曾陆续设立行枢密院，以之充当地方常设军事指挥机关，行省和行枢密院机构重叠，权力发生交叉，也带来互相推诿责任的弊病。成宗即位，罢行枢密院，只把它用作战时临时设置的战区指挥中心。各行省设平章二员统领本省军马，直接听命于枢密院。行省平章基本由蒙古人充任，偶尔择用色目人。总之，从中央到行省，最重要的武职是不委以汉人的。

明清时期中央、地方军事制度

明王朝建立之初的统治机构，基本上仿效元朝。中央设中书省，置左、右丞相总理朝政；设大都督府，置大都督掌管军事；设御史台负责监察。地方设行中书省，置平章政事等总管一省军、政、司法。为了加强皇权，洪武九年（1376年），改行中书省为承宣布政使司（习惯上仍称"省"），掌管民政；另设提刑按察使司掌司法，都指挥使司掌军事，并称"三司"，他们不相统属，各对中央负责。在主要战略方向上的边境少数民族地区，则单设都指挥使司，实行军、民合一的统治。

为了进一步加强君主专制主义集权，洪武十三年（1380年），朱元璋以丞相胡惟庸谋反为由，开始对中央政权机构进行改革：在行政机构方面，废除中书省及丞相制，将其权力分属吏、户、礼、兵、刑、工六部；在军事机构方面，撤销大都督府，分设中、左、右、前、后五军都督府。兵部和五军都督府共掌军事，构成中央最高军事领导机构。明初，朝廷经常派遣大臣巡

成吉思汗雕塑

抚边镇内地，事毕回朝复命，不在地方常驻。自宣德五年（1430年）起，开始在各省专设巡抚之职，地方巡抚的职权逐渐增大。最终，地方军政大事皆在其管辖之列，不但原来的都、布、按三司实际上已成为巡抚下属的办事机构，而且总兵官也须接受其监督。

正统（1436～1449年）以后，社会阶级矛盾和民族矛盾日趋激化，为了便于联属边地重镇和腹里内地的数省兵力，统一指挥和调度，于是在巡抚之上添设总督军务（或称"总制"、"总理军务"）一职，派重臣大员出任，以节制巡抚和总兵官。有的事毕即罢，有的则成为常设，因为辖地较广，权势在巡抚之上。到万历年间（1573～1619年），全国共设有蓟辽保定、宣大山西、陕西三边、两广4个总督，辽东、顺天、山西、宁夏、甘肃、陕西、山东、凤阳、应天、江西、浙江、福建、湖广、四川、贵州、云南、广西等处25个巡抚。

明末，又派兵部尚书外出经略，继而又派大学士出来督师。于是，在总督之上又有经略、督师之设，原来的总兵官和都指挥使的权位越来越低。

清代军权握于皇帝之手，并设立军事中枢以协助皇帝控制、指挥军队。这种中枢机构，在清朝前、中期是议政王大臣会议、军机处。

 1. 议政王大臣会议

这种商议军国要务的制度始于努尔哈赤时期，一直沿用到雍正七年（1729年）。起初，各旗旗主5日会议一次，讨论决定军国大事，后固定为一月一次，成为制度。由于旗主多是努尔哈赤的子、侄，且为世袭，因而会议总的在贯彻努尔哈赤的意图。各旗军队属旗主所有，这种会议同时也是平衡各旗权力的组织形式。皇太极在位时，八旗旗主封为亲王，每旗设3名议政大臣。此后，亲王、八旗固山额真（"旗主"之意）、议政大臣共商军政大事，称议政王大臣会议。

清朝统治全国之后，议政王大臣会议制度不但继续保留，而且进一步发展。从顺治七年（1650年）到康熙十二年（1673年），参加的人数和权力都有了很大扩展。以后，随着统治的巩固、皇权的加强，议政王大臣会议组成人员减少，权力降低。康熙、雍正年间，各旗设都统、副都统，由皇帝任命，原来的旗主只世袭爵位，不世袭军权，逐步改变了军队的旗主私有制。与此相适应，议政王大臣会议的性质也发生了变化，成为了一种参谋会议。雍正年间，设立了军机处，议政王大臣会议更是徒有虚名，至乾隆五十六年（1791年）便最终废除了。

 2. 军机处

成立于雍正八年（1730年），是为使皇帝便于掌握西北军情变化而设。初称军机房或军需房，后来改为办理军机处，全称为"办理军机事务处"，简称军机处。嘉庆时始正式列为中枢机构，宣统三年（1911年）成立责任内阁，撤废。军机处的主要职权是"掌书谕旨，综军国之要，以赞上治机务"，进一步削弱了内阁的权力，加强了中央集权。军机处独立于所有政府机构之外，没有固定的编制和人员，只设军机大臣和军机章京两种职官。军机大臣是由皇帝指定数名（一般为3至11人）满汉大学士和尚书、侍郎、京堂等兼任，以亲王或满汉大学士各一名为首领。军机章京开始从内阁中书、六部员司中选调，后由各衙门保送中书、郎中、员外郎、主事、笔帖式等官充任。满、汉各分两班，每班8人，共32人。每班设领班、帮班章京各一人。

军机处一面向下传达皇帝旨意，一面又向皇帝综合汇报各方面军国大事。地方督抚、将军把边疆军事情况的报告直送军机处。军机处人员精干，办事效率很高，在协助皇帝决策军国大计、指挥全国军队方面发挥了重要作用。清代负责管理一个地区的最高军政长官，是文职出身的总督或巡抚。巡抚综理一省军政，省内最高武官是提督，多由巡抚兼任，以下是总兵、副将、参将、游击、都司、守备、千总、把总等，大都设有办事衙门。巡抚、提督之上设总督，主管一省或数省的军政、民政，并有对外交涉之权。总督对文官道、府以下，武官副将以下，有奏请升调免黜之权。总督的直属部队，称督标；巡抚的直属部队，称抚标；提督的直属部队，称提标；总兵受总督、兼提督衔的巡抚和提督的节制，掌理本镇军务，直属的营兵称镇标。总督、巡抚对本地的绿营有征调权，提督、总兵有统御权。

边疆地区有八旗驻防军的，由将军、都统直接管理或监督当地的军政事务，均设有衙门。在滇、黔、川、桂、甘、青、藏等省区有土司的地区，土官除文职官员外，还设有宣慰使、宣抚使、安抚使、招讨使等武职。蒙、回各旗设有本族旗长，称"札萨克"，负责本旗军务，受八旗驻防将军、都统的直接监督。西藏的军事事务由中央派出的驻藏大臣与当世达赖喇嘛、班禅额尔德尼共同管理。驻藏大臣统率绿营兵1000余名，分驻各要地，拥有考察官吏、训练藏兵、防守边关、检查财政司法刑狱、拟定法制等权。

此外，边疆要地还建立卡伦（意为"哨所"）制度，一个卡伦一般只有几人至几十人，由参领、佐领、骁骑校等直接管辖。其上由当地的驻防将军、都统、参赞、办事大臣、帮办大臣、领队大臣统领；再上由中央的兵部、理藩院领导。两卡伦之间，定期会哨，或数日一次，或一月一次。军台、土堡、边城驻军，定期至沿边各卡伦巡防，随时了解边情，及时向兵部、理藩院报告。卡伦制度自康熙以后逐渐完善，对于维护边境治安、管理游牧、监督贸易、缉私捕盗、防止入侵等，发挥了重要作用。

知识链接

八旗制度的形成

八旗制度是清朝创始人努尔哈赤根据满洲传统创立的一种制度，它既是一种社会组织形式，也是一种军事制度。努尔哈赤在统一女真各部的战争中，随着势力不断扩大，统治的人口也越来越多。为了进行有效的管理，努尔哈赤于1601年创立了八旗制度。这一制度刚建立时，实际只有四旗，分别以黄、白、红、蓝为旗号。后来随着人口的增加，1614年，努尔哈赤又在原来四旗的基础上增编镶黄、镶白、镶红、镶蓝四旗，形成了正黄、正白、正红、正蓝、镶黄、镶白、镶红、镶蓝八旗，把后金管辖下的所有人都编在这八旗内。

八旗是一种兵民合一的制度，在旗男子都有服兵役的义务。他们平时从事生产，战时则按照各旗的编制出征为兵。八旗的各种机构平时管理民政，战时则成为军事机构。在八旗中，正黄、镶黄、正白三旗，被称为"上三旗"，由皇帝直接掌握，其他五旗则由王公、贝勒们统领。

第二节
中国古代的军队制度

先秦的军队

　　夏朝实际是一个大部落联盟。夏后是部落联盟的首领，当其联盟处于鼎盛之时，夏后持斧钺以象征其至高无上的军事权威，故称王。夏后对本部落拥有直接统领权，对加盟的其他部落有并不稳定的指挥权。有时各部落皆惟夏后之斧钺是瞻，有时部分部落甚至多数部落改而与另外的大部落结盟，与夏相抗衡。在这样的军事领导体制下，夏朝还不可能出现统一的军队建制，部落大而盛者其兵众，部落小而衰者其兵寡。各部落的武力，没有人为的军事分工，而是因经济习俗形成自然分工，多数农业和渔猎部落以步兵为主，少数游牧部落或有车兵，或有骑兵。

　　商代早期的情况与夏相似。到商中期，王室日益强大，商王不仅拥有了对商人各宗族武装的最高指挥权，还拥有了对多数方国军队的领导权。但甲骨卜辞也反映出商王对部分方国能否听命全无把握，说明商王与方国的关系还保留着军事联盟的成分。一般说来，首领称"侯"的方国的军队，商王可直接令其征战；首领称"白"的方国的军队，商王往往无法控制。武丁时期，商王室军队出现了"师"的编制单位。商人在游牧田猎活动中，有把所有成员分成右、中、左三个行列的习惯，比如攸侯的方国有"又（右）牧"、"中牧"和"左牧"。武丁时期已经组建了右、中、左三个师，甲骨卜辞中有"王作三师：右、中、左"的记载。师的长官为师长，当是商王之下的最高将领。师的主要成员是宗族武士，所以甲骨卜辞提到派遣军队征战时，或称

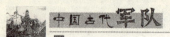

"师"，或称"族"。师的人数可能在 3000 左右，到商朝末年还应有所增加。师下有"旅"的编制，每旅 300 人。师、旅之外，还有行、戍等建制单位。这些军事单位都有右、中、左之分。

西周虽仍有少数部落色彩尚浓厚的方国，但王权已高度发展，周王（周天子）直接掌握着王室的三大部队——"西六师"、"殷八师"和"成周八师"。这三大部队的统帅由周王直接任命，叫做"命卿"。周初，召公率"西六师"驻扎宗周，宿卫首都镐京和西周故地；"殷八师"驻扎卫故地，统治新占领的东方殷商遗民；周公率"成周八师"驻守成周，宿卫陪都雒邑，震慑南方诸夷和中原腹地。从而形成西、东、南三大军区。

春秋战国时期，各大国纷纷扩军。扩军的前提是扩充兵源，改变旧有兵役形态，创立和实行新的兵役制度。其主要制度有以下五种类型：

第一，打破国野界限，让原来不服兵役、只承应劳役的野人也逐步服兵役。在西周，被周人征服的异族整批整批地居住在野中，充当周人的农奴，地位十分低贱。到春秋，由于卿大夫家族的发展，原来的野人中出现不少卿大夫的采邑，许多野人变为邑人，有的甚至与周人通婚，地位渐与周人相当。一些散处的野人日益增多，形成比较强大的聚落，有些诸侯国的都城附近，出现大片野人的聚居区。这些现状，使急于扩军的大国诸侯发现了十分现成的新的兵源。公元前 645 年，晋国"作州兵"，"使野人也服兵役"（徐中舒《左传注》）。以后，鲁国"作丘甲"，郑国"作丘赋"，楚国"量入修赋"，都不同程度地包含着以野人当兵的内容。不过，在春秋时期，野人当兵还只是局部的、时断时续的。

第二，创立世兵制，确立国家固定的兵源。这就是齐国的士乡制度。齐国创立世兵制前，以宗族贵族武士为军队主干，乡中国人临战征集到军中充当徒卒。齐地广人稀，宗族贵族为数不多，立国以后逐渐形成重视工商的传统，天长日久便在国都附近形成了一片片工商农民聚居区。齐桓公用管仲为相，欲称霸中原，需要大量的稳定的兵源。"于是制国以为二十一乡，工商之乡六，士乡十五"（《国语·齐语》），确立了 15 个士乡，士乡即军士之乡。凡是士乡居民，每家出兵一人，组成国家常备军，其余壮丁务农，以供军需，所以士乡又称士农之乡。士乡居民不能迁出而为工商之民，士之子恒为士。士有残疾不能列入军伍，士之女有残疾不能婚嫁。这些规定，目的都在于保证士及其家中壮丁素质良好。这样，大多数乡中国人由临战时部分征集到军中充当徒卒，变为世代户出 1 兵，使齐国建立起兵员稳定的右、中、左 3 军。齐还确立了士的补充办法，规定管理居住在野中的农奴的官员，必须注意发现并上报野人中"其秀民之能为士者"（《国语·齐语》），这就意味着这部分人可能用以补充士伍。这个规定部分地打破了国野的界限。

第三，变宗族武装为家族武装。春秋中叶起，卿大夫已普遍取代国君掌握军政大权。宗族组织走向衰落，宗族贵族武装逐渐失去其武装力量主体的地位，代之而起的是日渐强大的卿大夫家族武装。家族武装与宗族武装的根本不同是其纽带及成员的变化。宗族武装以血缘关系为纽带，成员以宗族贵族及子弟为主。家族武装以主仆关系为纽带，成员以卿大夫收养的各色人物及邑人为主，他们与卿大夫往往已无血缘关系。卿大夫养士，在春秋末和战国初尤其盛行，这是募兵制的滥觞。卿大夫令邑人为兵，则带有征兵制色彩。

第四，战国时代，各国先后实现郡县制度，普遍推行郡县征兵制。郡守和县令有权征集本郡县适龄男子入伍，并可率领他们出征。征兵制的重要前提是户籍制在全国的普遍建立。至此，国野界限完全打破，除少数奴隶和特殊身份者外，一般人民都是国家的编户齐民，有服兵役的义务。所有男丁都是征兵对象。战事稍缓，可能以各户之长者为常备军；大规模战争爆发，其余男丁也可能尽数出战。云梦睡虎地秦墓出土了两件木牍，是秦统一前两弟兄由军中写的家信，说明出兵并没有每户仅出一名的限制。

《秦律杂抄》载："戍律曰：同居毋并行。"每户出 1 兵的制度，只有到秦统一全国后才可能实现。《史记·白起王翦列传》"发年十五以上悉诣长平"，《战国策·魏策》"魏氏悉其百县胜兵"，《战国策·楚策》"悉五尺至六十"，这些大规模征兵的记录，都有一个"悉"字。悉者，全也。不仅服役年龄放宽至 15~60 岁，身高标准仅为 5 尺，而且是达到这个年龄，这个身高的男子全数征集。这说明，战国的征兵制的实行具有很大的弹性。有时，甚至壮女、老弱也被编组起来，参加守城的战役。

第五，为提高常备军的战斗力，许多国家开始推行募选制度。"射远中微者，悬贵爵重赏以招致之"（《荀子·君道》），把有特殊技能者召集起来，给以优厚待遇，以建设起攻城夺地的先锋队。不过，募选对象基本是在伍士兵和法定的有服兵役的义务的青年，后者不被募选入伍，也必然会在大规模战争时应征入伍。因此战国的募选行为只是募兵制的萌芽，还不是严格意义的募兵制。战国时期不仅把绝大多数编户丁壮都动员到统一战争中去，还把未入编户的人也推进战争的绞肉机。所谓未入编户者，主要指外来流民及违法犯令被剥夺民籍者。如《管子·揆度》所载："力足，荡游不作。老者谯之，当壮者遣之边戍。"这样的制度后来叫谪兵制。

秦汉的军队与军粮

秦、汉的军队，就兵种而言有步兵、骑兵、水兵和车兵之分。步兵在秦称材士，汉称材官，主要装备弓弩和矛、戟、剑、盾；骑兵称骑士，主要装备弓弩，也有持长矛作战的，汉武帝时，骑兵得到很大发展，中央卫戍部队

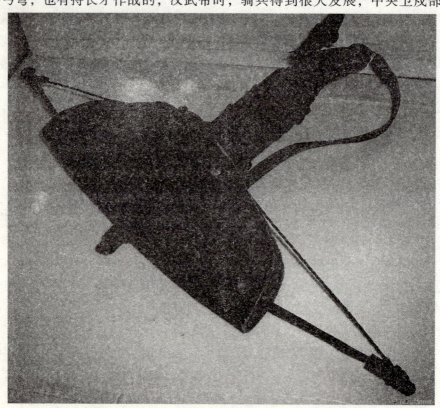

中国古代的弓弩

大部分为骑兵，边防也有若干骑兵部队；水兵称楼船士；车兵在秦代还用于作战，汉代渐以退出战斗序列，主要担任仪仗或辎重运输，偶尔配合骑兵作战。就任务而言，有宿卫皇宫、守卫京城、保卫地方之分。宿卫皇宫的军队，有郎中令统领的郎官，郎官不是兵，而是有秩禄的侍卫官，汉武帝增设期门、羽林、羽林孤儿等亲军，改郎中令为光禄勋。有卫尉统领的卫士，负责屯卫宫城、皇家园林、陵寝等。守卫京城的军队，首先有南北军，但南军仅存于汉初，惟北军始终为汉代最重要的中央卫戍部队。武帝时扩充北军，除原有的中垒营屯兵外，增建七校尉营屯兵，包括屯骑、步兵、越骑、长水、胡骑、射声、虎贲等，各置校尉领兵，并由皇帝派出监军，以加强对北军诸营的控制。北军平时屯卫京师，战时开赴前线作战，是汉朝军队的主力之一。东汉省去胡骑和虎贲二营，北军缩编为五营，此外，由中尉或执金吾统领的缇骑，城门校尉统领的城门兵，司隶校尉统领的治安部队，东汉末宦官创置的西园八校，都属守卫京城的军队。保卫地方的军队，主要是各郡国的武装。郡国兵在西汉有一定实力，东汉前期比较薄弱，东汉后期许多州郡长官大规模募兵自重，州郡兵总体上反而强于中央军。边防部队分隶各边郡，也属于保卫地方的军队。

军队编制而言，分部、曲、屯、队分各级。部又称校、营，长官为校尉，每部人数多则千余，少则数百；部下为曲，长官为军候，每曲 200 人左右；曲下为屯，长官为屯长，每屯约 100 人；屯下为队，长官为士吏，每队约 50 人。队之下有的还有什、伍两级，有的则没有。部、曲、屯、队的建制并不整齐，长官名称也有差别。军队训练和作战，从部到队都以旗上饰带的颜色相区别。

秦朝推行战国以来的郡县征兵制。据《睡虎地秦墓竹简》所记，男子 17 岁傅籍（登记），开始每年在郡县服劳役一个月，到期轮换，称更卒。然后根据需要，随时应征入伍，至 60 岁免役。男子一生，须服军役两年，一年在本地充当材士、骑士、楼船士，接受军事训练，称正卒；一年到京城宿卫或到边郡戍防，称卫士或戍卒。

秦朝虽推行征兵制，但仍以谪兵制为主要的集兵方式。秦灭六国的战争中，人民几乎都被征集到军中为兵。天下既定，多数战士自当解甲归田，但秦很快又因防守西北边和镇压东南边而需要大量集结兵力。当时，西北边集结蒙恬将军所领 30 万大军，史称蒙恬"筑亭障以逐戎人，徙谪实之"（《史记·秦始皇本纪》），可见 30 万大军中多有谪戍之卒。东南边集结 50 万镇守大军，史称"发诸尝逋亡人、赘婿、贾人略取陆梁地，为桂林、象郡、南海，以逋遣戍"（同前），也是由谪戍之卒组成。

秦仍以谪兵制为主要集兵方式的原因是：首先，古人对兵役和力役并没有严格的区分，秦始皇修筑长城、驰道和宫室、陵墓，已把民丁征发殆尽，征兵戍边自然要向罪囚和身份低贱者中寻找兵源。第二，秦刑法严酷，军法严厉，触令犯法者众多；秦灭六国后，流浪脱籍者亦多，齐故地等又盛行经商和赘婿之风，这部分人很自然便成为谪戍的对象。

汉承秦制，以征兵制为法定的国家兵役制度。服役期限亦为两年，服役类型也分为正卒和卫士或戍卒两种。不同的是：征兵制在西汉得到全面贯彻，不愿戍边的可纳钱代役；起役年龄曾有几次变更，西汉初为 17 岁，后或改为 20 岁，或改为 23 岁，止役年龄到昭帝时改为 56 岁；汉代的免役范围比秦朝宽得多。

汉武帝时，又开始推行募兵制，中央宿卫部队逐渐以募士取代卫士，羽林、期门等宿卫劲旅可父死子代，成为世袭性的雇佣军。边军也逐渐以应募者补充。到西汉后期，军队中应募者已占较大比例。东汉虽未明令废止征兵制，但凡需临时集兵，即推行募兵之制，在全国广泛招募兵员补充军队，以组建新的临边营兵，如黎阳营、度辽营、长安营、渔阳营等。凡招募兵员，需通过体格、体力、技能、才智、勇气等多方面考察，选拔勇敢、伉健、精骁者为兵。东汉时，征兵制只在局部地区偶见运作，不成气候。

谪兵制在汉代仍是重要的集兵方式之一。西汉除罪囚外，也以赘婿和商贾（甚至其子孙）为谪戍对象；东汉的谪戍对象主要是弛刑徒。汉代还调遣属国和边裔部族军队参加战争，这些军队内部基本都是血族的武装团体，就其本身的士兵来源而言，大都表现为族兵制形态，即边境外属国各部族皆举族为兵。

秦朝兵器还以青铜铸造的为主，到西汉中期以后，铁铸兵器渐居主要地位，钢制兵器逐渐增多，到东汉绝大多数兵器都由钢铁制铸。秦汉从中央到地方普遍设置了专门铸造兵器的官营作坊，制成的兵器统一存放在京城和地方的武库中，武库的主管为武库令。汉代军中也有武库令，负责兵器的保管和分发。

秦朝的车兵和骑兵都较精良，原因之一是重视战马的蓄养和训练，从中央到地方都有牧养马匹的苑厩，建立了和对有关管理人员的考课制度。西汉为对付匈奴的劲骑，鼓励民间养马。汉武帝大修马政，在西北边设立数十所国家牧场，并广求良种以改良战马，武帝以后所养马匹多名种良马。东汉马政相对衰落。

秦、汉比较重视对军队的训练。弩机是当时军中普遍装备的武器，对发射弩机技艺的考核经常进行。秦规定，发射不中，士兵和有关军官要受处分，并罚纳甲。汉代对下级军官发弩中鹄有很具体的规定，考核一般在秋天进行，发 12 矢必须有 6 矢中靶。秦朝规定，学驾车者考核不合规，要受到谪戍的处罚，骑兵用的马没有训练好，有关官员要受处分。汉朝特重视对北军的训练，除以骑射战阵为基本训练项目外，还有"投石"、"角抵"等体力和格斗技能的训练。郡国则每年举行一次"都试"，由郡守或国相亲自主持，对材官、骑士、楼船士等进行分别考核，评出等级，依其优劣给以奖惩。每年立秋日，皇帝亲自参加对禁军和驻京部队的检阅。东汉废除了地方上的都试制度。

此外，秦、汉军事法规完备而严酷。在秦代，夸赞敌人以沮丧军心、泄露军事机密、临阵脱逃、大将死亡而部将尚存者等等，都要处以死刑。军士稍有小过，就可能受罚资、责骂。同伍之人犯罪，其余 4 人连坐，如 1 人逃亡，其余 4 人处两年以上徒刑，能斩敌甲士 1 人者，免刑。汉朝军法比秦略宽，但有些方面仍很严酷。比如将领"争功相嫉，乖计"（《史记·朝鲜列传》），军事行动中士卒奔走喧哗，将领擅自发兵和属下逃亡过多，军事行动中过期到达，从军逃亡等，都被处以死刑。

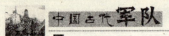
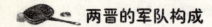 **两晋的军队构成**

 1. 西晋的军队构成

西晋军队分为中、外军。不同的是，西晋的外军既包括驻于地方的中央军，也包括州郡兵。但由于宗室诸王任都督出掌外军，权力过大，以至于尾大不掉。特别是"八王之乱"后，驻屯各军事重镇的外军，逐渐向私兵和地方军性质转变，中央已无力直接指挥。东晋时，京城建康既屯中军、又驻屯扬州地方军，中、外军的区分已不及西晋明显；至于外军，已经完全地方化，不再是中央直辖军的组成部分。

西晋的中军，即京师部队，包括宿卫军、牙门军两大部分。

（1）宿卫军。宿卫军，即驻屯京城地区，以警卫宫廷和京城为主要任务的部队，其建制有六军、四军、六校、二营。

所谓"六军"，即左卫、右卫、中领、中护、骁骑、游击，担任宫殿的宿卫。司马炎任曹魏丞相时，其府中有两支亲兵部队"中卫"和"骁骑"。西晋建立后，司马炎将中卫扩编为左卫和右卫，将骁骑扩编为骁骑、游击。中领、中护本是魏末中军的统帅，除负责指挥京城内外的中军各军外，自己还各有直属的营兵。在司马氏专权的时候，担任中领、中护者皆系其亲信，故这些营兵至晋时仍担任宿卫。六军的总兵力，大约2万人。

所谓"四军"，即左、右、前、后军，其中除左军为魏明帝所置外，其余三军皆为司马炎所置。四军负责宫门警卫，计有4000人。

所谓"六校"，即汉魏以来的五校尉营，加上于太康元年（280年）新置的翊军校尉营，计有6000人。

所谓"二营"，指太康十年（289年）新置的积弩、积射二营，每营为2500人，由积弩将军、积射将军分别统领，与六校一起负责宿卫京城之内。

保卫太子的东宫卫士属于宿卫军的组成部分。西晋后期晋有左卫率、右卫率、前卫率、后卫率、中卫率五营，兵力逾万人。

以上各营宿卫军，总兵力大约 5 万人，是西晋军队的精锐。

（2）牙门军。牙门军，即驻屯于京城郊外，作为国家控制的机动部队，亦称"城外诸军"。咸熙二年（265 年）十一月，司马炎"初置四护军，以统城外诸军"。可见西晋初年，"城外诸军"的规模已相当可观。

关于整个中军的兵力，据《晋书·司马柬传》记载，司马柬曾任右军将军，"武帝尝幸宣武场，以三十六军簿令柬料校之"。这说明，当时中军已有 36 军之众，当不少于 10 万人。西晋初年，外军主要指中央直辖的驻屯于各州郡方镇的军队，由驻外各都督统领。

为了巩固司马氏的统治，武帝末年大封同姓诸王，并让他们出任都督，分封的王国与都督区遂一致。他们既是所在地区的最高行政长官，又是军事主帅，集军事、民政大权于一身，所统外军也相应地由中央直辖军转变为地方军，与州郡兵的界限迅速消泯。都督势力的膨胀终酿成"八王之乱"。混战中，中军和外军的实力消耗殆尽。之后，中央对都督完全失去控制，都督府逐渐取代州政府，成为一级地方政府，都督则成为高踞于州刺史之上的地方官，更多有兼任刺史者。这样，西晋的都督制完成转化为中央集权的对立面。

王国兵、公国兵、侯国兵及州郡兵也属于外军。西晋泰始分封后，就规定了王国置军的制度，大国 5000 人，次国 3000 人，小国 1500 人。不过，王国正式置兵是在移封就镇之后。公侯之国也规定有兵，食邑 5000 户的，有兵 1100 人，食邑 5000 户以下的，有兵 1000 人。关于州郡兵，西晋平吴后，曾宣布"诸州无事者罢其兵"。州刺史不兼将军名号，不领兵，只治民政。这种军民分治的制度在西晋末年遭到破坏，各"郡国多以无备"，纷纷把地方军队又重建起来。

 2. 东晋的军队构成

晋室东迁后，军制一如西晋，没有大的变化，但由于东晋政权的性质，江南和江北门阀士族所统的军队虽然名义上是国家军队，但各统兵将领并不绝对服从中央的指挥。

（1）中军。东晋的中军，是由司马睿所统的军队转变而来，兵力有限，仍有左卫、右卫、中领、中护、骁骑、游击六军和五校尉营；前、后、左、右四军缩编为镇卫军；翊军校尉营和积弩、积射二营撤销；牙门只留虚名。除此以外，与中军同驻建康的，还有扬州都督的所属军队。因而，中、外军名号虽仍存在，但在制度上已相当混乱。

（2）都督制与北府兵。东晋皇权衰微，担任都督兼州刺史的主要不是宗室，而是门阀士族。东晋建都于建康，出身门阀的权臣无不兼任荆、扬二州的都督和刺史。其中，居扬州者，据扬州而居中执政；居荆州者，据荆州而以外制内。这正是东晋门阀士族借以专制朝政、独擅大权的力量所在。东晋初年，王导身为宰辅居扬州，王氏子弟则多为都督，如王敦都督江、扬、荆、湘、交、广六州，兼江州刺史，六州占东晋大部国土。继王氏而起的庾氏兄弟，皆担任过江、荆、豫、益、梁、雍六州都督，领江、荆、豫三州刺史。其后，桓氏盘踞荆州半壁，桓玄还依靠荆州雄厚的势力曾一度篡夺东晋政权。

东晋时的都督区主要有：扬州都督，镇建康或京口（今江苏镇江）；徐州都督，镇广陵（今江苏扬州）或京口；豫州都督，镇历阳（今安徽和县）或芜湖、马头（今安徽怀远）；荆州都督，镇武昌或浔阳（今江西九江）；益州都督，镇成都；广州都督，镇广州。各都督的兵力各不相同，多者达5万人，少者不过万人，其战斗力也强弱不一。总的来说，以北方流民为主组成的军队，战斗力较强。其中，尤以后期的北府兵在历史享有盛名。

东晋的徐州都督，镇广陵（今江苏扬州）或京口。因徐州位于建康之北，故徐州都督多带有"征北将军"、"镇北将军"名号，其军府即简称"北府"，他所统领的军队即北府兵。北府兵之盛名，最早来自谢玄。《晋书·刘牢之传》载："太元初，谢玄北镇广陵。时符坚方盛，玄多募劲勇。牢之与东海何谦、琅邪诸葛侃……以骁勇应选。玄以牢之为参军，领精锐为前锋，百战百胜，号为北府兵，敌人畏之。"谢玄统率这支军队，曾在太元八年（383年）抗击前秦符坚百万军队南侵的战争中，取得了历史上著名的淝水之战的胜利。以后这支军队在东晋统治集团的内部斗争中，起到了举足轻重的作用。后来，刘裕凭借这支军队击败桓玄，控制了东晋的政权，北府兵就演变成为东晋的中军了。

唐朝的主要军队

1. 唐前朝的军队

唐前期的军队，主要由禁军、边军，以及不脱离生产的团结兵构成；后期，主要是神策禁军和藩镇兵。

（1）禁军

唐前期，驻防京城和宫廷的部队统称禁兵或"天子禁军"，分南衙和北衙。由十二卫统辖的轮流番上宿卫京城的府兵，称南衙禁兵。这里所讲禁军，是指单独组建、守卫宫禁的部队，称北衙禁兵。

唐初，禁军由李渊父子起兵太原、攻定关中时的河东义兵组成，号为"元从禁军"，后来，兵员改从卫士简补或招募。太宗即位（627年）后，为加强禁军力量，特选骁勇者增置北衙七营；又于玄武门置左右屯营，号称"飞骑"，并从中挑选骁健善射者百人，名为"百骑"，以为巡幸翊卫之兵。高宗龙朔二年（662年），改左右屯营为左右羽林，置大将军、将军统领，下置长史、参军，以及校尉、旅帅、队正等各级官员为属。武则天扩"百骑"为"千骑"，中宗又增兵改名为"万骑"，玄宗时又改万骑为左右龙武军，其制与羽林同。至此，形成由左右羽林、左右龙武组成的北衙禁军。其主要任务是宿守宫殿，控制宫殿北门，基本不出征作战。玄宗天宝年间（742～755年），禁军同府兵一样走向衰落，安禄山叛军逼近长安，玄宗逃往蜀郡（今四川成都）避难，从者才千人；肃宗赴灵（今宁夏中卫）即帝位时，士兵从者不到百人。至德二年（757年），肃宗重建左右羽林、左右龙武四军，始置左右神武军，制亦同羽林，从而形成北衙六军，总数约万人。这是唐前期禁军的大体情况。

古代军人

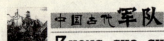
（2）边防军

唐设置的长期屯戍边境的军队，有防人、防丁、镇兵、戍兵等称谓。主要由各州县招募的兵募充当，部分来自上番戍边的府兵。开元以后，则大量招募职业兵守边。唐初，沿隋制，在边境要州设大总管府统领，其下的边防军事机构有军、守捉、城、镇、戍各级。军，是边防军最大单位，以军使为长，主掌训练、防守、征战事宜，属官有副使及仓、兵等曹参事，各理职事。守捉，贞观年间始设，长官为守捉使。城，小于守捉而大于镇，其编制史载不详。镇、戍，为边防基层机构，各分上中下三等：500人为上镇，300人为中镇，不足300人为下镇；50人为上戍，30人为中戍，不足30人为下戍。镇、戍分别置镇将、镇副，戍主、戍副各一人统领。总领上述各边防部队的最高机关，是设于诸道的大总管府，各置将军一人为长，称大总管。高祖武德七年（624年）改大总管为大都督。高宗永徽年间（650~655年）起，都督带使持节者称节度使，节度使即为边境区域性最高长官。

（3）团结兵。又有团练兵、土围等号，是不脱离生产的地方武装，由州刺史统领。大约于高宗上元二年（675年）开始在蜀境黎、稚、邛、翼、茂五州组建，用以镇防当地。武则天时相继在河北、河南各州设置，以防突厥。玄宗时又扩大到内地。兵员主要从土著富户壮丁中征集，不入军籍，不脱离生产，农闲习武，定期考核，服役期间免除赋役，发给"身粮酱菜"。通常在当地防守，或临时应征配合作战，任务结束，即回乡务农。他们由州刺史或节度使统辖。

此外，唐前期的地方部队，还有番兵。番兵是唐朝周边少数民族建立的军队，由番将自统。通常以骑兵居主，兵将能骑善射，战斗力较强。在唐强盛时，俱能和平相处，并为唐边境防卫力量，遇有战事，还应召出战；反之，则不听命王朝，成为边境乃至内地的威胁势力。

 2. 唐后期的军队

唐后期军队，主要是神策军和藩镇军，成为支撑唐王朝统治的两大主力。

（1）神策军。

神策军是唐后期禁军的主力，支撑王朝统治的骨干武装。神策军本是驻屯于陇右临洮郡（今甘肃临潭）的一支边防军，天宝十三载（754年）为防遏吐蕃而建。十四载，安史之乱起，神策军千人赴中原平叛，后屯驻陕州（今河南陕县），军权由宦官鱼朝恩控制。广德元年（763年），吐蕃攻入长安，代宗逃至陕州。鱼朝恩率在陕神策军迎驾有功。及至京师收复，神策军遂入长安禁苑，升为天子禁军。随即，采取收编、合并、招募等措施，扩充队伍，特别是收编几支训练有素、久经沙场的藩镇武装后，实力大增。德宗时，西北边兵也纷纷遥隶神策军，兵力很快发展到15万人，大大超过左右羽林、左右龙武、左右神武北衙六军，成为禁军的主力。贞元二年（786年）改神策左右厢为左右神策军，置左右护军中尉、中护军各2人，名为监军，实为统帅。贞元十二年，命宦官窦文场、霍先鸣为左右神策护军中尉，从此，开创宦官统领神策军的定制，并进而控制北衙六军。

神策军在宦官的掌握下，饷赐丰厚，士兵多时达18万人，分别屯驻于京师及京西北诸镇，是唐后期保卫京师、抗击边扰、平息叛镇的劲旅，为巩固王朝统治立下了汗马功劳。但同时，它又长期为宦官控制，成为其争权夺利的工具。废立皇帝，诛杀大臣，操纵朋党，干预朝政，都有神策军参与。这又往往成为藩镇反叛的借口。一旦叛镇举兵向阙，神策军即溃而散。至唐末，经过黄巢起义军的打击和叛将朱温的诛杀，已被歼灭殆尽。

（2）藩镇军。

《新唐书·兵志》说："所谓方镇（即藩镇）者，节度使之兵也。"藩镇军源于边将的屯防军队。如前所述，唐初置大总管统掌边军，高祖武德七年（624）改大总管为大都督，高宗永徽年间（650～655年），都督带使持节者（作为皇帝使者持节赴任）谓之节度使，但并非正式官职。及至睿宗景云二年（711年），以贺拔延嗣为凉州都督、河西节度使，遂成为固定的正式官职。自此至开元年间，相继于沿边安西、北庭、河西、朔方、河东、范阳、平卢、陇西、剑南、岭南10镇，设置九节度使一经略使。节度使受职时赐双旌双节，总揽一镇即数州军、民、财、政大权。诸节度使所统镇兵，总数达48.6万余人。安史之乱前夕，有些节度使势力急剧膨胀，如身兼范阳（今北京）、平卢（今辽宁锦州西）、河东（今山西太原）三镇节度使的安禄山，拥众15万人。安史之乱后，武夫战卒以功起行伍军阵而列为侯王者，都出任节度使，故藩镇由边而内，全国发展到40～50个，并都招兵买马，拥兵自重，从而形成各自为政的独立于中央的藩镇兵体系。

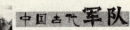
藩镇兵由节度使亲统，或招募、饷赐、兵器装备受中央节制，或一切军事自主，不听中央指挥，甚至滋事生乱。藩镇兵按屯驻地区和担负任务不同，可区分为牙兵、牙外兵、外镇兵和州兵等。

牙兵是节度使的亲兵。驻于节度使治所，负责保卫牙城。广德元年，安史降将田承嗣任魏博节度使后创建，此后各节度使皆置为精锐。牙兵地位特殊，往往与藩帅结成假父子关系，以"义子"、"假儿"相称；牙兵又父子相袭，互相通婚，形成盘根错节的军人集团，骄兵悍将由是而生。其统领，称牙内兵马使。

牙外兵又称外营兵，是各藩镇兵的主力。屯驻牙城之外，以监临辖州并应付军事之急。其统兵官称马步都知兵马使。

外镇兵是驻屯于治所外各州要地的节度使掌管的军队。置镇将、镇使统领，与其驻在州刺史、县令无隶属关系。后又渐演化为州兵。

州兵本属州刺史统领的地方军队，与藩镇没有隶属关系。安史之乱后，凡割据一方、与中央对抗的藩镇，其辖下各州兵，也演化为藩镇兵的一个组成部分，与外镇兵无异。

藩镇兵在唐后期不断膨胀，人数多，战力强，给社会政治、经济带来重大影响。特别是节度使亲掌的牙兵，地位特殊、桀骜不驯，中央无力控制，动辄发动兵变，驱逐将帅，或支持节度使割据称雄，反抗朝廷，对社会的危害极为严重。

 ## 北宋的禁军

北宋禁军是中央直接统辖的常备军，分隶三衙，驻守京师，并分番调戍各地，其规模在各个时期屡有盈缩，最多时达80余万人。

1. 禁军的种类与番号

北宋禁军数量庞大，番号繁多，组织严密，按其担负的任务，大致分为皇帝宿卫部队和征战戍守部队两大类。

皇帝宿卫部队。按其建制单位称"班"、"直"，合称"班直"或"诸班直"，隶属于殿前都指挥使司，分"殿前司马军诸班直"和"殿前司步军御龙诸直"。殿前司马军诸班直有殿前指挥使、内殿直、川班内殿直、散员、散指挥、散都头、散祗侯、内直、东西班承旨、散直、钧容直、看班外殿直、内员僚直、茶酒新旧班等14班直，统兵官有都虞侯、指挥使、都知、副都知和押班等。殿前司步军御龙诸直有簇御马直、骨朵子直、御龙弓箭直、御龙弩直4直，统兵官有都虞侯、指挥使、副指挥使、都头、副都头、十将、将虞侯等。各班各直的员额在各个时期不尽相同，大约在北宋后期诸班直额定总人数为3600余人，一般选拔骁锐的武士充当。宋初常参加征战，"澶渊之盟"后，几乎不再参加作战。

征战戍守部队。有京都禁兵、就粮禁兵和系将禁兵、不系将禁兵、在京禁兵等名目。殿前司驻扎在开封的捧日、天武两军称"京都禁兵"。其余各军，皆采用屯驻、驻泊、就粮3种名目，出戍外地。其中，受府、州、军等地方行政长官管辖者，称"屯驻"；受部署（总管）管辖者，称"驻泊"；移驻粮草丰盛地区者，称"就粮"。北宋初年，驻屯各地的禁兵是出戍地方的京都禁兵。随着时间的推移，各州、府、军等也陆续设置了以就粮为名的常驻禁兵，这些禁兵不再回驻京师，实际上成了地方军。后来，为了区别来自京都的禁兵，往往称这些禁兵为"就粮禁兵"，以某个州、府、军为固定驻地，实行更戍。就粮禁兵的设置，使禁兵由原来的原则上作为中央军的制度开始发生变化，进而演化为中央军和地方军两大部分。就粮禁兵分驻各地，形成插花式分布。邻近京都开封的府、州、军，其驻兵往往分隶殿司、马司和步司；离京都开封较远的府、州、军，其驻兵往往分属马、步司或仅属步司。每个府、州、军的驻兵，受帅臣、地方长官和三衙的多重领导，体现了军权分割、相互制约。

系将禁兵、不系将禁兵和在京禁兵是神宗时改革军制，针对"将不专兵，兵不识将"的积弊，实行"将兵法"和"结队法"所建立起来的新的禁兵体制。"系将禁兵"由各地就粮禁兵的大部分及京都开封府各县分驻的部分中央禁兵编成，设正将、副将各一员，兵力较少的仅置正将一员，是宋军征战的主力，兵力从数千人到万余人不等。宋朝先后在开封府及全国各路共设143将。全国各地就粮禁兵未编组为将的，称"不系将禁兵"，保留原有的体制和编制，在南方有相当大的数量。"在京禁兵"是指京城内外未设将的编制的禁兵，包括捧日、天武、龙卫、神卫上4军在内，也保留原有的体制编制，其数额大大超过京畿的"系将禁兵",除守卫京都外,有时也更戍外地,参加镇戍和征战。

北宋禁兵的番号极多,且大多是各个时期增加兵力而陆续设置的。其中资格最老、沿用后周番号的,有殿前司的铁骑马军和控鹤步军、侍卫司的龙捷马军和虎捷步军,太宗时分别改称捧日、天武、龙卫、神卫。这4军是禁兵的上军,通称上4军。其他各种番号禁兵为中军和下军,其级别也各有差异。其他增设的禁兵番号,名目繁多,如马军有挠雄、骁捷、左右雄捷、左右骁武、武骑等;步军有奉节、雄武、效顺、常宁等。

2. 禁军的兵种和编制

北宋禁军原则上分步军和马军,以步军为主,水军和炮兵附属于步军。步军数量最多,由侍卫步军司统领,大部分为弓弩手,少部分为枪手、刀手。马军隶属于侍卫马军司,由于马匹不足,所以一直未占主导地位。炮兵数量虽然极少,但侍卫步军司所属飞山雄武军,是世界上最早使用火炮的专业炮兵。水军有神卫水军和殿前司、步司两支虎翼水军等,规模较小。

各禁军除充当皇帝宿卫任务的"诸班直",以班、直为编制单位外,其他禁兵基本上沿用五代的编制序列,"大凡百人为都,五都为营,五营为军,十军为厢,或隶殿前,或隶两侍卫司。"

厢是"三司"(三衙)下面禁兵的最高编制单位,分左、右,统兵官为厢都指挥使,也称"厢主"。除上4军外,殿前司的马军骁骑军、步军虎翼军,侍卫马军司的骁捷军、骁武军、云翼军和侍卫步军司的虎翼军、勇捷军、威武军、清塞军、归恩军都分左、右厢;而其他番号的禁兵则没有厢一级编制。每厢所辖的军数也不定,最多时达10军,但真宗时的捧日军和龙卫军每厢仅辖3军,三四千人而已,大大低于规定的编额。仁宗时,厢一级编制趋向名存实亡,厢都指挥使也成为武将的虚衔。

军是仅次于厢的高级编制单位。统兵官为军都指挥使,也称"军主",副职为军都虞侯。一般下辖5指挥,兵力为2500人。但真宗时的殿前司与侍卫步军司的两支虎翼军都是左、右厢各辖5军,每军下辖10指挥,约5000人。

营亦称"指挥",是禁军的基本编制单位。统兵官为指挥使和副指挥使,下辖5都,兵力为500人。指挥是北宋禁兵最固定的编制单位,禁兵的屯驻、更戍和征战，往往以指挥为单位；禁军的兵力，也按指挥计算。

都是禁军的基层编制单位，其统兵官，马军称军使和副兵马使，步军称都头和副都头。其下，还有军头、十将、将虞侯、承局和押官等。不论马、步，编制员额均为100人，称为都。马军每1都有"旗头"13人、弓箭手87人；步军每1都有刀手8人，枪手16人，弩手76人。

其实，禁兵的体制和编制并非这样整齐划一，大多数禁兵仅设军、指挥、都3级。编制内的建制单位也不固定，兵力有多有少。

神宗时，推行"将兵法"、"结队法"，打破了禁兵原有的体制和编制，分属三衙的不同番号的禁兵指挥被混合编组成"将"，后又设置"部"、"队"。将，设正将和副将，下辖若干个部；部，设部将，下辖若干个队。神宗时，仿照唐李靖兵法，制定结队法，规定3人为一小队，3小队为一中队，5中队为一大队，再加上拥队、引战（押队）、旗头、左右傔旗各一人，共50人为一大队。到北宋晚期，将之上又逐渐以"军"作为高一级的正式建制单位，军一级的正式统兵官为统制。这样，禁兵的编制由厢、军、指挥、都四级逐渐演变为军、将、部、队三级。但与此同时，并没有完全取消厢、军、指挥、都的旧编制，不系将禁兵和在京禁兵大体仍保留旧的编制序列。

明清时期的军队训练与军法

明朝对于军队的训练，在制度上有比较系统的规定。洪武六年（1373年）议定《教练军士律》，规定骑兵必须善于骑射枪刀，步兵必须善于弓弩枪，并有具体的标准。军士要分批到京接受考核，根据考核成绩决定对将士的升迁赏罚。以后又陆续颁布《操练法》等，对军士基本技能的训练和考核办法、奖惩条例作出更明确的补充。基本技能的训练之外，还确立了将士平日习练阵法的制度，先后用《轩辕图》（所谓古八阵法）、三叠阵和四门方营等营阵教练军队。这种死板的营阵训练制度，使军队训练往往流于"恣驰骋，供嬉戏"的形式。明嘉靖至隆庆年间，戚继光根据练兵实践，撰《纪效新书》和《练兵实纪》，系统地总结了治军、练兵原则，反对"花枪、花刀、花棍、花叉"的形式主义。戚继光军队训练重在练伍法、练胆气、练耳目、练手足、练营阵及练将帅的基本内容，为明后期许多将帅所遵用。

武则天雕塑

为提高将士素质，明朝注意兴办武学和武举。在京营军的一些卫内设儒学，北京和南京并设武学，地方上的卫所也先后设立武学。武学的教材包括儒家经典和《武经七书》等兵书。武学教育的对象不仅是军官子弟，都司和卫所军官也必须到学听讲。读书听讲习文之外，武学学生要定期演习弓马，年终进行考核，数年之后根据成绩考送参加武举。正德三年（1508年），在以前的武举法的基础上确定武举乡试分为三场：初场试马上射箭，二场试立射箭，一律射9箭，各中3箭为合格；三场试策两道、论一道。策论题北京和南京由兵部出，地方由巡按御史出。武举乡试3年1次。武举中式，名列《武举录》。连续三科中式，可选为守御所千总；两科或一科中式，可选卫千总。嘉靖中期，提高了武会试的难度，中试者的选用也较严格。崇祯四年（1631年）以武会试前18名首批参加殿试。总体看来，明朝的武学与武举受儒学影响较深，对军事能力和实际能力的培养和要求还很不够。

明朝开国伊始，即重视军事法制的建设，逐渐制定了层次、门类齐全的军事法规。其内容范围可分三类：一是覆盖军事各个领域的《大明律·兵律》，分宫卫、军政、关律、厩牧、邮驿五章，共75条，120余款；二是规范军事某一方面的法令，如《军卫法》、《垛集法》、《勾补军士之令》、《行军号令》、《教练军事律》、《优给优养总例》、《皇城守卫禁约》、《马房草场通例》、《军法定律》等；三是针对一时一事所需制定的"事例"。这些法规，特别是《兵律》的制定，打破了秦汉以来将军事法分列多篇的格局，继承、修订了《唐律》的军事条文，并大大扩增了军政、军令方面的内容。

明朝依据所定军事法规建设和管理军队，并重功赏，行峻法。功赏的目的在于激励将士勇敢精神和作战斗志。军功分三等，奇功、首功和次功。论功方法，或据将士在作战中的作用，或沿传统以斩首级记功。行峻法主要维护军队调遣和战场纪律。凡无令私调军队、无故逾期不到集结地点、临战私逃、守城不力、渎职弃城等，轻者杖罚、充军，重者斩刑，从而较有效地维护了军纪。

清朝为提高各级武官指挥、管理能力，一贯重视对武官的教育、培养。前期，沿明制，办武学、兴武举，以培养选拔人才。其武科，从童试到乡试、会试、殿试，门类齐全，制度明细，与前代相比，最为完备，但又十分落后，影响了兵学的发展和军事人才的培养。

清朝前期，军队的训练基本沿袭旧的传统，方法非常陈旧。入关前，围猎是训练八旗士兵的重要手段，也是皇帝检阅军队的主要形式。入关以后，禁旅八旗沿袭明制，确立了平时训练、定期操练和皇帝大阅的程式。平时训练包括步射、骑射、马枪、试炮、技艺、步围等内容，各营旗兵分期分批进行。定期操练包括分操、合操、大操，在各旗、营间进行。皇帝大阅，三年举行一次典礼，主要检阅各营行阵。驻防八旗的训练略同。绿营的训练，最初因将领好尚不同而各有异。乾隆时规定，绿营兵丁，鸟枪照禁旅八旗的健锐、火器二营演习连环阵法。其他兵器的演练，毫无创新，流于形式。各营每月定期合操。清中叶以后，八旗和绿营的训练都较松弛，有的绿营久不操练，连传统的老阵法都已忘光。

清在入关前的后金时期，军事法比较原始、简单，一般都是在战前根据军事活动需要，用谕令形式颁布一些应时性的法令规章，以规范军队行军作战的行动，随意性较明显。入关以后，随着统治政权的稳定，逐渐重视军事法的制定。顺治（1644～1661年）时，以明律为蓝本，颁布了《大清律·兵律》，作为治军基本法规。雍正三年（1725年）修订，五年再颁全国实行。雍正九年新定《军令》（或称《钦定军规》、《军令条约》）40条，作为清军行军作战的行为依据，其中有25条规定，对违令者处以斩刑。如在战场上不听金鼓号令、回顾畏缩、私语嗟怨、违抗谕令、泄漏军机、造谣惑众、虚报军功、谎报军情、奸淫妇女等，皆处斩刑，临阵窃马潜逃者枭首示众。斩刑之外，还有棍责、插箭游营等处罚。乾隆十三年（1748年），又针对将帅增定军令3条，规定：凡将帅因苟图安逸、泄私推诿、动摇军心而贻误战机者，均处斩立决。乾隆四十九年（1784年），根据雍正《军令》40条，择要颁布

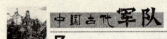

《行军简明纪律》10 条，以便于兵官人人熟记执行。

除根本性的法规《军律》、《军令》外，在清朝军事法中，数量最多、条文最细、应时性最强的是各种《则例》。自顺治年间起，即针对治军诸事开始颁布单项兵部则例。康熙十一年（1672 年），兵部受令将八旗、绿营诸则例汇纂成书，赐名曰《钦定中枢政考》，举凡军官品级、补放、考核，士兵拣选，部队训练、执勤、行军、作战、营规、俸饷、邮驿、马匹等，均设专卷，详细规定，故兵部称其为军队的"事例总汇"。

鸦片战争以后，这些《军令》、《则例》逐渐失去效用，新建的各类军队往往自定军规军法。如曾国藩组建的湘军，以"礼"为纲，通过自编的"军歌"、"训营规"等来传达军令，维持军纪。袁世凯编练新军，也是自定营制饷章，通过颁定的《劝兵歌》、《行军歌》、《简明军律》和"训词"、"军歌"来约束军队，训谕士兵，规范行为。光绪三十二年（1906 年），北洋海军兵备处拟订了中国第一部《军队内务条例》，规定了军人的行为举止和应遵守的纪律，这堪称是对中国历代营规进行改革的立法开端。

清朝统治者发祥东北，以弓马略定天下。八旗兵、绿营兵及其相应的一套军事制度，发挥了极其重要的作用。但是，康、乾以后，由于承平日久，上下不思振作，制度积弊丛生，武器陈腐落后，兵备已近废弛。八旗兵以征服者自居，长期养尊处优，散漫骄惰，只知斗鸡玩狗，不事练兵习武，战斗力严重衰弱。绿营兵自建立之时起，分散驻守各地，名为常备军，实则杂役队，当差虽不敢马虎，训练却敷衍塞责，甚至许多官兵雇人点卯，公开欺骗朝廷。至 1840 年鸦片战争后，特别是经过太平天国军打击以后，八旗、绿营都严重衰败，腐不堪用，中国古代军制的发展也走到了它的历史尽头。代替八旗、绿营支撑清王朝后期统治的军队，先是勇营，后是新军。勇营和新军的编练，及其与之相应的一整套军事制度的建立，使中国军制便带着这个时期半殖民地半封建社会的明显痕迹，实现了从古代向近代的历史性发展演变。

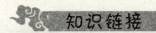

"御林军"的讹误

人们一般都把皇帝的侍卫亲军称为"御林军"。实际上，在我国历史上，从来也没有哪一支正规军被官方命名为"御林军"。

御林军只是对皇帝亲卫部队的一种称呼，而并非正式的军队编制。如果以不太严格的标准，历代守卫宫廷的部队、甚至守卫都城的部队都可以称为御林军。如果严格标准，那么只有皇帝直属、驻扎在皇宫之中、负责保卫皇帝安全的部队才能被称为御林军。御林军一词可能是从"羽林军"讹传而来，羽林军是很多朝代都有的正式军队编制，但是羽林军只是皇帝亲卫部队的一个部分，不能代表全部的禁卫部队。

图片授权

全景网

壹图网

中华图片库

林静文化摄影部

敬 启

本书图片的编选，参阅了一些网站和公共图库。由于联系上的困难，我们与部分入选图片的作者未能取得联系，谨致深深的歉意。敬请图片原作者见到本书后，及时与我们联系，以便我们按国家有关规定支付稿酬并赠送样书。

联系邮箱：932389463@qq.com

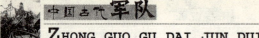
参考书目

1. 余桂芳．古往今来话中国：中国的古代军事．合肥：安徽师范大学出版社．2012.

2. 刘向东．中国古代军事典章制度．沈阳：白山出版社．2012.

3. 赵志超．中国人应知的古代军事常识．北京：中华书局．2012.

4. 刘昭祥，王晓卫．中国史话：军制史话．北京：社会科学文献出版社．2011.

5. 孙建民．中国古代军事．北京：中国国际广播出版社．2010.

6. 张广明．中国古代兵法大全．呼和浩特：内蒙古人民出版社．2009

7. 袁庭栋．解秘中国古代战争．山东：山东画报出版社．2008.

8. 袁庭栋．解秘中国古代军队．山东：山东画报出版社．2007.

9. 尹洪滨，景慎祜．军事常识．北京：高等教育出版社．2006.

10. 饶胜文．布局天下：中国古代军事地理大势．北京：中国人民解放军出版社．2002.

11. 陆敬严．图说中国古代战争战具．上海：同济大学出版社．2001.

12. 赵海军，毛笑冰．中国古代的军事．太原：希望出版社．1999.

中国传统民俗文化丛书

一、古代人物系列（9 本）
1. 中国古代乞丐
2. 中国古代道士
3. 中国古代名帝
4. 中国古代名将
5. 中国古代名相
6. 中国古代文人
7. 中国古代高僧
8. 中国古代太监
9. 中国古代侠士

二、古代民俗系列（8 本）
1. 中国古代民俗
2. 中国古代玩具
3. 中国古代服饰
4. 中国古代丧葬
5. 中国古代节日
6. 中国古代面具
7. 中国古代祭祀
8. 中国古代剪纸

三、古代收藏系列（16 本）
1. 中国古代金银器
2. 中国古代漆器
3. 中国古代藏书
4. 中国古代石雕

5. 中国古代雕刻
6. 中国古代书法
7. 中国古代木雕
8. 中国古代玉器
9. 中国古代青铜器
10. 中国古代瓷器
11. 中国古代钱币
12. 中国古代酒具
13. 中国古代家具
14. 中国古代陶器
15. 中国古代年画
16. 中国古代砖雕

四、古代建筑系列（12 本）
1. 中国古代建筑
2. 中国古代城墙
3. 中国古代陵墓
4. 中国古代砖瓦
5. 中国古代桥梁
6. 中国古塔
7. 中国古镇
8. 中国古代楼阁
9. 中国古都
10. 中国古代长城
11. 中国古代宫殿
12. 中国古代寺庙

五、古代科学技术系列（14 本）

1. 中国古代科技
2. 中国古代农业
3. 中国古代水利
4. 中国古代医学
5. 中国古代版画
6. 中国古代养殖
7. 中国古代船舶
8. 中国古代兵器
9. 中国古代纺织与印染
10. 中国古代农具
11. 中国古代园艺
12. 中国古代天文历法
13. 中国古代印刷
14. 中国古代地理

六、古代政治经济制度系列（13 本）

1. 中国古代经济
2. 中国古代科举
3. 中国古代邮驿
4. 中国古代赋税
5. 中国古代关隘
6. 中国古代交通
7. 中国古代商号
8. 中国古代官制
9. 中国古代航海
10. 中国古代贸易
11. 中国古代军队
12. 中国古代法律
13. 中国古代战争

七、古代文化系列（17 本）

1. 中国古代婚姻
2. 中国古代武术
3. 中国古代城市
4. 中国古代教育
5. 中国古代家训
6. 中国古代书院
7. 中国古代典籍
8. 中国古代石窟
9. 中国古代战场
10. 中国古代礼仪
11. 中国古村落
12. 中国古代体育
13. 中国古代姓氏
14. 中国古代文房四宝
15. 中国古代饮食
16. 中国古代娱乐
17. 中国古代兵书

八、古代艺术系列（11 本）

1. 中国古代艺术
2. 中国古代戏曲
3. 中国古代绘画
4. 中国古代音乐
5. 中国古代文学
6. 中国古代乐器
7. 中国古代刺绣
8. 中国古代碑刻
9. 中国古代舞蹈
10. 中国古代篆刻
11. 中国古代杂技